जब शहर हमारा सोता है

पीयूष मिश्रा

परिचय मुमकिन नहीं, न ही उन्हें पसन्द है। दोस्तों में 'पीयूष भाई' छात्रों में 'सर' 1983–2003 तक दिल्ली में थियेटर किया। आजकल मुम्बई सिनेमा नगरी में व्यस्त हैं। इस उम्मीद के साथ कि बदलाव वहाँ भी होगा।

लेखक की अन्य किताबें

अब तक प्रकाशित कृतियाँ हैं : *गगन दमामा बाज्यो, वो अब भी पुकारता है* (नाटक), *कुछ इश्क़ किया कुछ काम किया* (शायरी और कविता-संग्रह), *तुम मेरी जान हो रज़िया बी* (कविता-संग्रह), *मेरे मंच की सरगम* (थियेटर के गीत), *आरम्भ है प्रचण्ड* (गीत), *सन् 2025 :* फ्रेडरिक ड्यूरेनमेट के नाटक *Incident at Twilight* का रूपांतरण।

पीयूष मिश्रा

जब शहर हमारा सोता है

राजकमल पेपरबैक्स

राजकमल पेपरबैक्स में
पहला संस्करण : 2014
छठा संस्करण : 2025

राजकमल पेपरबैक्स : उत्कृष्ट साहित्य के जनसुलभ संस्करण

राजकमल प्रकाशन प्रा.लि.
1-बी, नेताजी सुभाष मार्ग, दरियागंज
नई दिल्ली-110 002
द्वारा प्रकाशित

शाखाएँ : अशोक राजपथ, साइंस कॉलेज के सामने, पटना-800 006
पहली मंजिल, दरबारी बिल्डिंग, महात्मा गांधी मार्ग, प्रयागराज-211 001
1, अनमोल सोराबजी संतुक लेन, धोबी तलाव, मरीन लाइंस, मुम्बई-400 002
वेबसाइट : www.rajkamalprakashan.com
ई-मेल : info@rajkamalprakashan.com

विकास कंप्यूटर एंड प्रिंटर्स
ट्रानिका सिटी-201 102
द्वारा मुद्रित

मूल्य : ₹ 199

JAB SHAHAR HAMARA SOTA HAI
Play by Piyush Mishra

ISBN : 978-81-267-2648-6

अभिनय की बाराखड़ी सिखाने वाले
स्व. श्री फ्रीट्ज़ बेनेवीट्ज़ के नाम

मेरे आध्यात्मिक गुरु
स्व. श्री सत्यनारायण गोयनका जी के नाम

स्व. माँ, जोश, जय और प्रिया के नाम
और मेरे सारे दोस्तों के नाम
जो कि कम्बख़्त बहुत सारे हैं...

निर्देशक की ओर से

चार्ल्स डिकेंस ने कहीं लिखा है–

Those were the best of the days
Those were the worst of the days

हमारे लिए भी स्थिति कुछ ऐसी ही थी! जहाँ एक तरफ़ सृजन के हिसाब से वो जुनून भरे दिन थे, तो दूसरी तरफ़ देश में सांप्रदायिकता का उन्माद अपने ज़ोर पर था। हमारे लिए ये बात तो साफ़ हो चुकी थी कि अगला नाटक क्या होने वाला है! ब्रॉडवे के 'West side story' की कुछ यादें फ़िल्म के ज़रिए दिमाग़ में थीं। बैरी जॉन से अंग्रेज़ी की स्क्रिप्ट ली गई और पूरे ग्रुप के साथ बैठकर उसको पढ़ा गया। पूरा ग्रुप एकदम से नाटक करने को तैयार था, सिवाय मेरे ख़ुद के। मुझे थोड़ी-सी शंका थी कि क्या 'एक्ट-वन' इस तरह की बड़ी प्रस्तुति को सँभाल पाएगा भी कि नहीं। हालाँकि एक्टरों की क्षमता पर और पीयूष की स्क्रिप्ट पर पूरा भरोसा था। लेकिन निर्माण के बाक़ी पहलुओं जैसे पैसे को लेकर शंका ज़रूर थी। अभी ये सोच ही रहे थे कि एक दिन स्व. आशुतोष उपाध्याय और आलोक माथुर रिहर्सल में आ टपके और कहने लगे–नाटक शुरू करो। बाक़ी सब हम सँभाल लेंगे। और फिर शुरू हुई मुसीबत पीयूष की। मेरा ही नहीं एक्टरों का दबाव भी कि सीन लेकर आ भई! तीन या चार दिन बाद पीयूष ने कोई भी सीन सुनाने से पहले 'उजला ही उजला शहर होगा' गाना सुनाया। लोगों का जोश सातवें आसमान पर था। और मैं यह समझ चुका था कि 'West side story' तो एक बहाना है! हम लोग पीयूष मिश्रा का लिखा हुआ म्यूज़िकल करने जा रहे हैं, जिसका नाम होगा 'जब शहर हमारा सोता है'।

नाटक का शीर्षक मात्र एक शीर्षक ही नहीं था बल्कि वो पूरे ग्रुप की दिनचर्या पर भी लागू होता था, क्योंकि अगले दो महीने जब सारा शहर सो रहा होता था, हम तब भी रातों को अपने नाटक से जूझ रहे होते थे। शायद इसी नाटक के दौरान मैंने अपने बिस्तर के पास फ़ोन रखना शुरू किया था कि जाने कब रात को घंटी बज उठे। इससे पहले कि घर का कोई और सदस्य उससे विचलित हो,

मैं फ़ोन उठा लिया करता था। पर वो भले दिन थे, जब आप जूझ रहे होते थे अपने पसोपेश से, उलझनों से और रोज़ नई चीज़ों की तलाश कर रहे होते थे। एक्टरों की परेशानी अपने ऊपर लेकर अपनी परेशानी उन पर थोपना एक अच्छा खेल था जिससे बिना किसी परेशानी के नाटक आगे बढ़ रहा था। यह एक ऐसा अनुभव था, जो किसी भी सृजनशील आदमी की ज़िंदगी में शायद कभी-कभार ही आता है।

आज जब नाटक छप रहा है तो मेरा सिर्फ़ इतना कहने का मन कर रहा है कि वो दौर, वो दिन, वो परेशानियाँ, वो रोमांस...हर एक्टर, स्क्रिप्ट राइटर, म्यूज़िक डायरेक्टर, सेट डिज़ाइनर, लाइट डिज़ाइनर, कॉस्ट्यूम डिज़ाइनर और निर्देशक की ज़िंदगी में बार-बार और लगातार आते रहना चाहिए।

सी-85, न्यू मुलतान नगर, नई दिल्ली
011-25280062, 9811157932

–एन.के. शर्मा

लेखक की ओर से

बहुत पहले किसी ने कहा था...''तुम मुझे ख़ून दो, मैं तुम्हें आज़ादी दूँगा।'' हम ख़ून देते-देते ऐनेमिक हो गए। आज़ादी अभी तक नहीं मिली। या कि...मिल गई?

इसी सवाल का जवाब जानने का एक उन्मादी और बावरा प्रयास था...'जब शहर हमारा सोता है।'

आज इस नाटक के मंचन के 22 साल बाद इसके बारे में लिखते हुए लफ़्ज़ों के भीग जाने का ख़तरा है जिसके लिए एडवांस में माफ़ी गुज़ार हूँ।

1991 का अंत चल रहा था। 'नेटुआ' और 'होली हो चुके थे!' एन.के. शर्मा निर्विवाद रूप से 'एक्ट-वन' के 'ऑफिशियल डायरेक्टर' चुने जा चुके थे! 'नेटुआ' ने मनोज वाजपेयी के साथ वही किया था जो 'सत्या' ने फ़िल्मों में किया! 'होली' से आशीष विद्यार्थी एक धूमकेतु की तरह उभरकर आए थे! और संग में आए थे वो साठ-सत्तर अनकहे-अनसुने नौजवान (मैं लड़कियों को भी साथ गिन रहा हूँ) जिनको आने वाले कल में उत्तरी भारत के थियेटर की एक अभूतपूर्व शुरुआत बन जाना था! वो 'एक्ट-वन आर्ट ग्रुप' का सर्वोत्कृष्ट काल था जब हम चाँद से नीचे किसी भी चीज़ की ख़्वाहिश नहीं रखते थे।

कहते हैं, चौबीस-चौबीस घंटे का निष्काम कर्म करने से दिव्य-दृष्टि मिल जाती है! शायद 'एक्ट-वन' को भी बाबरी मस्जिद के गिरने से लेकर मुंबई के बम-विस्फ़ोटों तक का अहसास वक़्त से पहले हो चुका था! और उसकी मुख़ालिफ़त भी वक़्त से पहले तैयार थी...'हमारे दौर में!'

साहिर लुधियानवी, कैफ़ी आज़मी, अमरजीत चंदन, बशीर बद्र, संजीव दत्ता, अरविंद बब्बल और थोड़े-बहुत पीयूष मिश्रा के लिखे उन नुक्कड़ नग़मों के ज़िंदा कार्यक्रम 'हमारे दौर में' में लोगों से सांप्रदायिक सद्भाव बनाए रखने की विनयपूर्ण अपील नहीं थी बल्कि इंसानियत की तरफ़ से एक झन्नाटेदार थप्पड़ के साथ ये हिकारत भरा पैग़ाम था कि इतिहास नाम की आग के साथ मत खेलो। जो इसकी आँच को भूल जाते हैं, वो अभिशप्त होते हैं उसे दोहराने के लिए। मत

भूलो कि बदला लेने के ख़्वाहिशमंद को हमेशा दो चिताएँ एक साथ सजाकर रखनी चाहिए।

गले में झूलते एक हारमोनियम और कमर में बँधी एक नाल के सहारे पचास भभकती हुई आवाज़ों के साथ 'हमारे दौर में' लगभग पूरे उत्तरी भारत का दौरा कर चुका था जिसमें 1991 का जलता हुआ पंजाब भी शामिल था। कड़कड़ाती बारिश में ठिठुरता अमृतसर और लुधियाना...लोइयों से झाँकती ए.के. 47 और ए.के. 56 राइफ़लें...कंबलों से घूरती बब्बर खालसा और खालिस्तान कमांडो फोर्स की निगाहें...आतंकवादियों की गोली से शहीद हुए हमारे थियेटर के दोस्त सुखदेव सिंह प्रीत के बूढ़े माँ-बाप और कमसिन बहन के लाए हुए आलू के पराँठे...उनका एक-एक कौर मुश्किल से निगलते हम और "...हमारे मरे हुए बच्चे के लिए गाने आए हो बेटा। इतना तो फ़र्ज़ बनता है हमारा..." की रुँधी हुई आवाज़ के साथ उनके एकाएक सिसक पड़ते चेहरे।

मृत सुखेदव का एक साथी सुर्ख़ आँखों से बढ़ा था। "आप लोगों के आने को सलाम। मगर किस शांति की उम्मीद के साथ आए हैं? जो ना तो कभी आई है और ना ही कभी आएगी? बीते हुए इतिहास का एक दिन गिना सकते हैं जब इस दुनिया में पूरी तरह से शांति छाई हो?"

सही सवाल था। शांति शब्द में ही विरोधाभास है। बिना अशांति के शांति का कोई अस्तित्व नहीं। युधिष्ठिर के हस्तिनापुर से लेकर स्टालिन के रूस तक की शांति को घनघोर अशांति का ग्रास खिलाया गया है। पूर्ण शांति कपोल-कल्पना है जो कभी नहीं आती। मगर फिर भी हम अभिशप्त हैं शांति-स्थापना के भगीरथ प्रयत्न के लिए। कारण? हमारा ख़ुद का वजूद। उसकी खोज और उस खोज के ज़रिए अपने अंदर छिपे सैकड़ों भेद रहस्य को जानने की लपलपाती ख़्वाहिश। इस ख़्वाहिश के अभाव में इंसान का अस्तित्व एक लकड़ी के ठूँठ से अधिक नहीं होता। बड़ी से बड़ी आध्यात्मिक अवस्था को प्राप्त करने का प्रारंभ हमेशा सामाजिक और राजनीतिक चेतना से ही होता है। 'एक्ट-वन' के अगले नाटक का चुनाव इसी सिद्धांत पर आधारित था।

रॉबर्ट वाइज़ द्वारा निर्देशित, ऑर्थर लॉरेंट्ज द्वारा लिखित, जेरोम डी. रॉबिंस द्वारा नृत्य-संयोजित, नियोनिद बार्नस्टीन द्वारा संगीत और स्टीवन सोंधीम द्वारा लिखे गए गीतों से सुसज्जित फ़िल्म 'वेस्ट साइड स्टोरी' सिर्फ़ अपने दस ऑस्कर अवाड्‌र्स की भीड़ की वजह से ही प्रसिद्ध नहीं है, बल्कि विलियम शेक्सपियर के 'रोमियो एंड जूलियट' से प्रेरित ये 'ब्रॉडले म्यूज़िकल क्लासिक' कई मायनों में दुनिया के आधुनिक थियेटर इतिहास में मील का पत्थर मानी जाती है। 'एक्ट-वन' ने अपना अगला नाटक चुन लिया था जिसे नाटक से अधिक दुस्साहस

कहना उचित होगा। 'वेस्ट साइड स्टोरी' का नया नामकरण हुआ...'जब शहर हमारा सोता है'।

नाटक पढ़ा गया। फ़िल्म देखी गई। और गद्गद होने की प्रक्रिया से उबरने के बाद सर्वसम्मति से फ़ैसला हुआ कि अब इस स्क्रिप्ट को एक तरफ़ रख दिया जाए। हमारी स्क्रिप्ट हमारी होगी जिसमें हमारे चरित्र होंगे, हमारी सिचुएशंस होंगी, हमारे दृश्य होंगे, हमारे गीत और संगीत के साथ हमारा अपना हिंदुस्तान होगा। नाटक समसामयिक और पूर्णतया प्रासंगिक होगा और उसको लिखते वक़्त हमारी नज़र में हमारे दर्शक होंगे।

देश में उस वक़्त संप्रदायवाद ने खौलती हुई धूनी रमाई हुई थी। बाबरी मस्जिद पर पहली चढ़ाई हो चुकी थी। 'वेस्ट साइड स्टोरी' के अमरीकन लड़के और प्यूरिटोरिकन लड़की को हिंदू 'आभास' और मुसलमान 'तराना' की तर्ज़ दे देने में किसी को राई-रत्ती एतराज़ नहीं हुआ। 'जैट' गैंग और 'शॉर्क' गैंग सुहासधाम के 'फनियर' और करीमपुरा के 'खंजर' में तब्दील हो गए और इनके बीच में तथाकथित 'स्वाधीन भारत के एडमिनिस्ट्रेशन' का प्रतिनिधित्व किया ऑफ़िसर त्यागी और इंस्पेक्टर खोपकर ने।

आज 2003 में, जब हमारा प्यारा मुल्क 1993 की मुंबई और 2002 के गोधरा के गाल पर एक आग भरी चुम्मी लेकर आगे बढ़ चुका है, जब एक आम नौजवान का गांधी और भगतसिंह के जन्म से ज़्यादा वेलेंटाइन डे की तारीख याद रहने लगी है और जब सरोजिनी नायडू की कविता से ज़्यादा '...काँटा लगा' और काँटे की कँटीली मुहतरमा की काँटेदार नाभि के लो ऐंगल शॉट को ख़्वाबों में बसाने की इच्छा सताने लगी है, तब यही सोच बार-बार आता है कि वाकई ग़ुलाम बनना ग़ुलामी तोड़ने से कितना ज़्यादा आसान होता है। आज से चार सौ साल पहले ईस्ट इंडिया कंपनी के आगमन के परिणामों को भोगता हुआ हमारा ख़ूबसूरत मुल्क 1947 और 1984 को छूता हुआ आज जब गोधरा से एक क़दम आगे जाने की छटपटाहट से गुज़र रहा है, तो 'शहर...' के ज़िंदा होने का अहसास पहले से भी ज़्यादा मुखर और प्रखर हो जाता है।

एन.के. एक पूर्णतया कमिटेड लेफ्टिस्ट था और है। कोई एतराज़ नहीं। मैं एक पूर्णतया आध्यात्मिक बंदा था और हूँ। इसमें भी कोई एतराज़ नहीं! मगर मेरे विचार से अध्यात्म की पहली सीढ़ी होती है...अनवरत कर्म। वो मुझे लेफ्ट ने सिखाया। दूसरी सीढ़ी होती है...पक्ष लेना! वो मुझे लेफ्ट ने सिखाया! और तीसरी सीढ़ी होती है...प्रतिरोध। वो भी मुझे लेफ्ट ने सिखाया। इसके आगे की राह और लक्ष्य मेरा है। नितांत व्यक्तिगत। इसमें भी किसी को कोई एतराज़ नहीं। मुझे भी ख़ुद को लेफ्टिस्ट कहलाने में कोई एतराज़ नहीं होगा अगर कोई मुझे 'आस्तिक

लेफ्टिस्ट' की संज्ञा दे सके। लेकिन 'शहर'...ऐसी सारी सीमा रेखाओं को लाँघ चुका था!

'शहर...' ढाई अक्षर का लफ़्ज़ इश्क़ के बारे में था। 'शहर...' कबूतरों के बारे में था। 'शहर...' गुलाब की सुगंध, बगुले की फड़फड़ाहट, कोयल की चहचहाहट और मोर के नाच के बारे में था। 'शहर...' जवानी के सबसे पहले चुंबन के बारे में था और 'शहर...' आदिकाल से फ़िज़ाओं में गूँजती आई आवाज़ 'मैं तुम से प्यार करती हूँ' के बारे में था। ये 'उजला ही उजला...' के बारे में था जिसको गाते हुए आज भी नम आँखों को मूँदकर किसी का हाथ पकड़कर दीवार से टिकने की इच्छा होती है। ये 'शायद ख़ुदा ने...' के बारे में था जिसे गाते हुए हज़रत निज़ामुद्दीन की दरगाह पर जाके बिलखने की इच्छा होती है। कुल मिलाकर 'शहर...बहुत ख़ूबसूरत था।'

'शहर...' बहुत ख़ूबसूरत था। क्योंकि वो वक़्त बहुत ख़ूबसूरत था। क्योंकि उस वक़्त को देखने का हमारा नज़रिया बहुत ख़ूबसूरत था। उस नज़रिए को ले के चलते सारी महत्त्वाकांक्षाओं से परे चौबीस-चौबीस घंटे काम में लगे हम लोग बहुत ख़ूबसूरत थे। और हाँ! हमारा अपना मंडी-हाउस बहुत ख़ूबसूरत था।

मुंबई फ़िल्म इंडस्ट्री में 'स्टार' की प्रतिष्ठा पा चुके सैकड़ों लोगों की कर्मभूमि रह चुके मंडी-हाउस में उस वक़्त सिर्फ़ 'वर्क वाइब्स' जगमगाया करती थीं। एक तरफ़ 'साक्षी' तो एक तरफ़ 'फेमिट', एक तरफ़ 'खिलौना' तो एक तरफ़ 'एक्ट-वन' रिहर्सल किया करते थे। श्रीमती कीर्ति जैन के कुशल हाथों में हाल ही में आया राष्ट्रीय नाट्य विद्यालय एक बार फिर क्रिएटिवली गतिशील हो चुका था। सम्मानित श्री अलकाज़ी साहब की वापसी से एन.एस.डी. रिपर्टरी फिर से चलायमान हो चुकी थी। एल.टी.जी. थियेटर में अलकाज़ी साहब के ताज़े-ताज़े स्कूल 'लिविंग थियेटर' की स्थापना हुई थी। श्रीराम सेंटर मुख्य प्रेक्षागृह, बेसमेंट थियेटर और कमानी थियेटर में दर्शकों की भीड़ को 'बेशुमार' के अलावा कोई और लफ़्ज़ देना मुश्किल था। स्टूडियो थियेटर, मेघदूत और बहावलपुर हाउस कैंपस थियेटर में टिकटों की मारा-मारी के साथ मुझे ये भी याद है कि श्री रंजीत कपूर के चार नाटक एक ही दिन में शहर में चार अलग-अलग जगह पर मंचित हुए थे।

मुझे शहर बहुत सारी वजह से याद है। प्रशांत नारायणन की ज़ुल्फ़ें! असीम बजाज के घोड़ापछाड़ सवाल! एन.के. का जीनियस! अरुण मोटे के जीवन का पहला और आख़िरी नाच! उसे सँभालते हुए ख़ुद गिरते इम्तियाज़ अली! दीपाली गुप्ता की इकलौती लपट सरीखी एंट्री! मनोज बाजपेयी का शो से दो दिन पहले रीढ़ की हड्डी के दर्द से चिल्लाकर ढह जाना! गजराज राव की टिपिकल-

बदमाशियों के साथ उसकी फ़ोटोग्राफ़िक याददाश्त! आशीष विद्यार्थी की पहले शो में असफलता के बाद बाक़ी शोज़ में ग़ज़ब! शैफाली भूषण, जूही डोगरा और राजीव गुप्ता की ऐतिहासिक लांचिंग! स्व. आशुतोष उपाध्याय, आलोक माथुर, निखिल वर्मा और अतुल कुमार की बेहतरीन प्रोडक्शन हैंडलिंग! स्व. डैडी और त्रिभुवन की लाइटिंग! गौतम चड्ढा की 'शैफाली ते दीपाली ते नेपाली दी गड्डी'! एडविन जी. विलियम्स की जिस्म तोड़ती डांस क्लासेज़! उसका कुप्रसिद्ध माइग्रेन (हा हा हा)! मंडी हाउस में हर तरफ़ गूँजती हमारे गानों की स्वर लहरियाँ! बबली का ड्रम्स! बाले भाई माली की चोरी-चोरी बिजली सप्लाई! शेरसिंह जी और भगवान अलका की चाय! स्व. ओमी की फ्री फ्रूट चाट! भाई सुशील, रमन, विक्रम आहूजा, राजीव सिंह, संजीव वत्स, राजेश गांधी, नीलम महाजन, वर्षा अग्निहोत्री आदि की कमांडो स्क्वाड! कत्थक केंद्र से आती सोमा दत्ता चौधरी, निशि, तबस्सुम/मुनमुन, पार्वती, स्वाती, विजयश्री, उमा और स्मृति मिश्रा, श्रुति मिश्रा की मधुर खिलखिलाहटें! डॉ. सुशील रतन की चुटकियाँ! अखिलेश और भाई लोकेश का हर शो में पड़ता आशीष को भारी चाँटा! अरविंद बब्बल की नई-नई दुल्हन। निरूपमा सीकरी उर्फ़ मिट्ठू से मेरी नटखट मुलाक़ात, डॉ. दिनेश शर्मा की स्पांसर्ड सिगरेटें! टिकटों की बढ़ती जाती बिक्री! श्रीराम सेंटर से बंगाली मार्केट तक रोज़ लम्बी होती जाती गाड़ियों की लाइन! दिसंबर-जनवरी की छलछलाती सर्दियाँ! सी.सी.आर.टी. की झोंपड़ी! सुबह छः बजे सिर्फ़ निकर में मूवमेंट करते हम। जया बरनेला की पंक्चुएलिटी! सुजीत सरकार का ध्वनि संयोजन! जॉन डेविड की कास्ट्यूम्स और हाथों पर बनाए गए टैटू! मध्यांतर में हाँफते हुए श्री हबीब तनवीर का बधाइयाँ देने ग्रीन रूम पहुँच जाना! कबाड़ी बाज़ार से चुने गए अजीबो-ग़रीब हथियार! भाव विह्वल दर्शक। भौचक्के क्रिटिक्स! रोज़ लम्बे होते जाते कर्टेन कॉल...

मुझे रुकना पड़ेगा। मेरा बहुत ज़्यादा लिखते चले जाने का ख़तरा है।

बहरहाल! हर ख़ूबसूरत वक़्त की तरह वो वक़्त भी ख़त्म हुआ। सबके आगे अपनी-अपनी ज़िंदगी थी। अपने-अपने रास्ते थे। सबने चुन लिये और सबको शुभकामनाएँ।

तब से लेकर अब तक के पिछले 22 साल में 'एक्ट-वन' ने असंख्य उतार-चढ़ाव देखे! परिणाम सिर्फ़ ये हुआ कि 'एक्ट-वन' आज भी डटा हुआ है...राहुल बग्गा, चंदन आनंद, नवीन कौशिक, आशु छाबड़ा, राजीव टंडन उर्फ़ झा जी और कृष्णा सिंह बिष्ट जैसे मुस्तैद सिपाहियों की बदौलत!

एन.के. की 'एक्टिंग तो कर ली, अब ज़ोर तुम्हार बाप लगाएगा' की आवाज़ अब एक लाड़ भरे संबोधन में परिवर्तित हो चुकी है जिसका अर्थ

ये क़तई नहीं कि 'एक्ट-वन' के उन्माद में रंचमात्र भी फ़र्क़ आया हो।...बाक़ी 'शहर...' आज भी ज़िंदा है और हमेशा रहेगा। उसको भूलना उनके लिए भी नामुमकिन है जिन्होंने उसे किया था और उनके लिए भी जिन्होंने उसे देखा था और ये दूसरे क़िस्म के लोगों की तादाद हमारे सौभाग्य से बहुत ज़्यादा है।

एक्टिंग ज़िंदाबाद...! थियेटर ज़िंदाबाद...! और अब थोड़ा-थोड़ा सिनेमा भी ज़िंदाबाद!

धन्यवाद!

—पीयूष मिश्रा

पात्र

स्टेज पर

फनियर

विलास	:	मनोज वाजपेयी/गजराज राव
आभास	:	आशीष विद्यार्थी/अजय चौहान
चींटा	:	राजीव गुप्ता/आशीष रॉय
अंटा	:	प्रशांत नारायणन
डीज़ल	:	अशोक
बबुआ बब्बल	:	सुशील
तलैया	:	संजीव वत्स
घुन्ना	:	राज मिश्रा
सूजा बावरा	:	बोधी सलीम
ऐंवेई	:	पूर्णिमा खरगा/वर्षा अग्निहोत्री
निशि	:	दीपाली गुप्ता/रिया मुखर्जी

खंजर

असलम	:	पीयूष मिश्रा
अख़्तर	:	विजय
रफ़ीक़	:	गौतम चड्ढा
अकील	:	राजीव गौड़
सलीम	:	मनीष
मुईन	:	राकेश रंजन
इसहाक	:	राजेश गांधी
फरहान	:	अजय चौहान
तबस्सुम	:	शेफाली भूषण

तराना	:	जूही डोगरा
निगार	:	नीलम महाजन
मुनीरा	:	नलिनी

अन्य

मदमस्त	:	सुशील रतन/भवीन गोसाईं
चचा	:	अखिलेश/लोकेश
ऑफ़िसर त्यागी	:	अरुण कालरा
इंस्पेक्टर खोपकर	:	इम्तियाज़ अली

नेपथ्य में

पब्लिसिटी	:	आशुतोष उपाध्याय, अतुल, अरुण भारद्वाज, आलोक माथुर
एफ.ओ.एच.	:	संजय, सुजीत सरकार, आशुतोष उपाध्याय
सेट्स	:	दिनेश खन्ना
लाइट्स	:	गिरधारी
साउंड डिज़ाइन	:	सुजीत सरकार
कास्ट्यूम्स	:	जॉन डेविड
कोरियोग्रॉफी	:	एडविन जी. विलियम्स
स्क्रिप्ट, गीत और संगीत	:	पीयूष मिश्रा
कोरस	:	आलोक माथुर, नलिनी, नीलम और सारी कास्ट
अरेंजर	:	डी.के. श्रीवास्तव (बबली)
परकशन	:	गोपाल सोनी और अश्विनी सक्सेना
प्रोडक्शन	:	विजय, गजराज राव
पोस्टर डिज़ाइन	:	पार्थिव शाह
निर्देशन	:	एन.के. शर्मा

आभार

ख़ालिद तैयबजी

बैरी जॉन

प्रसन्ना

एंटरटेनर्स

प्रमोद

गिरीश भाई

आलोक माथुर

दृश्य 1

(पर्दा खुलता है! स्टेज पर अँधेरा!)

(दूर कहीं रात का गजर! घंटों के बजने की आवाज़!)

(दूर कहीं से पास आते हुए किसी के क़दमों की भागती हुई आवाज़ और फिर कहीं दूर को चली जाती हुई...।)

(हॉर्न बजाती हुई एक मोटर के गुज़रने की आवाज़)

(धीमे से मलगज़ी रोशनी में डूबा हुआ शहर रोशन होता है! बिल्डिंग्स फ्लाई ओवर्स! कहीं-कहीं लैंपपोस्ट का सजेशन मगर अस्पष्ट...।)

(तालियों की गड़गड़ाहट और पंडित नेहरू की 15 अगस्त, 1947 की रात को पार्लियामेंट में बोली स्पीच साउंड ट्रैक पर आती है!)

''...लांग ईयर्स एगो...वी मेड ए ट्रिस्ट विद द डेस्टिनी! एंड नाउ द टाइम कम्स व्हेन वी शैल रिडीम अवर प्लैज! नॉट होलली ऑर इन फुल मेजर बट वेरी सब्सटैंशियली! एट द स्ट्रोक ऑफ़ द मिडनाइट अवर...व्हेन द होल वर्ल्ड स्लीप्स, इंडिया विल अवेक टू लाइट एंड फ्रीडम...!''

(तालियों की गड़गड़ाहट के साथ ही सारी कास्ट स्टेज पर धीमे-धीमे फेड-इन मगर अस्पष्ट! दर्शकों की तरफ़ सबकी पीठ!)

(गाना शुरू! सारे एक्टर्स ही कोरस हैं!)

शहर का गाना!

सन्नाटा...वीराना...! ख़ामोशी अनजानी...!
ज़िंदगी लेती है...करवटें तूफ़ानी...!
घिरते हैं साये घनेरे से...रूखे बालों को बिखेरे से...
बढ़ते हैं अँधेरे पिशाचों से...काँपे हैं जी उनके नाचों से...
कहीं पे वो जूतों की खटखट है...
कहीं पे अलावों की चटपट है..
कहीं पे हैं झींगुर की आवाज़ें...
कहीं पे वो नलके की टप-टप है...
कहीं पे वो काली-सी खिड़की है..
कहीं वो अँधेरी-सी चिमनी है...
कहीं हिलते पेड़ों का जत्था है...
कहीं कुछ मुँड़ेरों पे रक्खा है...ओ हो हो...!
सुनसान गली के नुक्कड़ पर जो कोई कुत्ता चीख़-चीख़कर रोता है
जब लैंपपोस्ट की गँदली पीली घुप्प रोशनी में कुछ-कुछ-सा होता है
जब कोई साया ख़ुद को थोड़ा बचा-बचा कर गुम सायों में खोता है
जब पुल के खंभों को गाड़ी का गरम उजाला धीमे-धीमे धोता है
जब कहती हैं आवाज़ें धीमे-धीमे गुपचुप-गुपचुप कोई दास्तान
जब होती है ख़ामोशी बंद अँधेरों की शक्लो-सूरत पर मेहरबान
जब अलसाया शैतान उबासी लेकर अपने जबड़े ख़ूँ से धोता है
जब अँगड़ाई को तोड़ चहलक़दमी करने की तैयारी में होता है...
तब शहर हमारा सोता है...
जब शहर हमारा सोता है तो मालूम तुमको हाँ क्या-क्या होता है
इधर जागती हैं लाशें ज़िंदा हो मुर्दा उधर ज़िंदगी खोता है...
इधर चीख़ती है इक हव्वा ख़ैराती उस अस्पताल में बिफरी-सी
हाथ में उसके अगले ही पल गरम मांस का नरम लोथड़ा होता है...
इधर उठी हैं तकरारें जिस्मों के झटपट लेन-देन में ऊँची-सी
उधर घाव से रिसते ख़ूँ को दूर गुज़रती आँखें देखें रूखी-सी
लेकिन उस कोने के रंग-बिरंगे होटल में गुंजाइश होती है
नशे में डूबे ज़ेहन से ख़ूँख़्वार चुटकुलों की पैदाइश होती है...
अधनंगे जिस्मों की देखी लिपी-पुती-सी लगी नुमाइश होती है

लार टपकते चेहरों को कुछ शैतानी करने की ख़्वाहिश होती है...
वो पूछे हैं हैराँ होकर...ऐसा सब कुछ होता है कब
तो बतलाओ तो उनको ऐसा तब तब तब तब होता है
जब शहर हमारा सोता है...

(धीरे-धीरे कोरस की एक्जिट। पीछे से आवाज़ आती है...'जागे रहो...जागे रहो'! अँधेरे में दो पुलिसवाले अलसाए से चमकते हैं? ढीली वर्दी खुली बेल्ट!)

पुलिसवालों का गाना

मेरी वर्दी ये कहती है जागे रहो
मेरा बिल्ला ये कहता है जागे रहो
मेरा डंडा ये कहता है जागे रहो
मेरा धंधा ये कहता है जागे रहो
मेरी सरकार कहती है जागे रहो
उसकी दरकार कहती है जागे रहो
सोने दे उसको जो सोता है कोई...तुम तो सपनों से भागे रहो...
मेरा जूता ये कहता है जागे रहो
मेरा बूता ये कहता है जागे रहो
मेरी हस्ती ये कहती है जागे रहो
फ़ाक़ामस्ती ये कहती है जागे रहो
मेरा क़ानून कहता है जागे रहो
उसका मज़मून कहता है जागे रहो
जागो मगर हाँ-हाँ देखो नहीं कुछ जागने में बस आगे रहो...
मेरी तनख़्वाह ये कहती है जागे रहो
मेरी कड़की ये कहती है जागे रहो
थोड़ा मैं भी कमा लूँ हाँ जागे रहो
थोड़ा मैं भी तो खा लूँ हाँ जागे रहो
मैं परेशान रहता हूँ जागे रहो
होके हैरान कहता हूँ जागे रहो

जागे रहो वरना मैं क्या करूँगा इसको सोचने में लागे रहो
मेरी वर्दी ये कहती है

(गाना ख़त्म होता है। पुलिसवालों पर फेड-आउट। और इसके साथ ही रोशन होता है पहली बार पूरा स्टेज। एक जगह गली की ख़ुदाई हुई पड़ी है। एम.टी.एन.एल. का बोर्ड लगा हुआ है और मज़दूरों के लिए एक छोटा-सा टेंट लगा हुआ है। मगर रात के वक़्त सब कुछ सुनसान है। और एकदम दौड़ता हुआ हाँफता हुआ असलम अंदर घुसता है। उसके पीछे दौड़ते हुए क़दमों की आवाज़ें! एकदम बीच में आ के रुकता है! चारों तरफ़ चौकन्ना सा देखता है! टेंट के पीछे जांके छुपता है! पीछे से भागते हुए क़दमों की आवाज़ें ग़ायब होती हैं! थोड़ी देर बाद असलम निकलता है! अपनी साँसें संयत करता है! और फिर एक तरफ़ भागने को होता है कि एकदम उस तरफ़ से पूरा 'फनियर' टोला नमूदार होता है विलास के नेतृत्व में। इन सबमें एक ही समानता है कि कहीं ना कहीं इनमें मासूमियत झलकती है। उठती हुई उम्र के लड़के जो अभी जवान हुए ही हैं! विलास और असलम थोड़े मेच्योर्ड हैं। विलास...असलम जैसा ही ख़ूबसूरत नौजवान और 'फनियर' टोले का लीडर! संग में डीज़ल, उसका दायाँ हाथ! बबुआ बब्बल...टोले का सबसे छोटा मेंबर...! शायद अभी स्कूल में ही है..! उसका ख़ास साथी अंटा...फुर्तीला...तीखा...सबसे ख़तरनाक चींटा...हमेशा ख़ून-खच्चर करने को बेताब...! सूजा बावरा...चश्मा और उसमें से झाँकती उत्पाती आँखें! असलम उन्हें देख के एकदम रुकता है! पैंतरा बदलता है और जहाँ से साउंड ट्रैक पर म्यूज़िक शुरू होता है। पूरा सीन कोरियोग्राफ़्ड है! ये लोग असलम को घेरते हैं! ये सब डांस में होता है! और असलम

किसी तरह से बच के भागता है और जाते-जाते घूमकर वापस लौटने का इशारा करता है। उसके जाते ही फनियर विजय का डांस शुरू करते हैं मगर एकदम से उसमें झटका लगता है जब अचानक असलम 'खंजर' टोले के साथ लौटा है! और फिर शुरू होता है झगड़ा! रॉड निकलती है, हॉकी निकलती है, चेनें निकलती हैं! सब डांस में हैं! सब कुछ कोरियोग्राफ़्ड! और अचानक असलम के सामने अंटा पड़ता है! वह उसे दबोचता है और झुककर किसी तीखी चीज़ से उसका कान काटता है! और एकदम पुलिस की सीटी बजती है! और उसके साथ ही घुसते हैं त्यागी और खोपकर! खोपकर...पुलिस की वर्दी में! त्यागी हमेशा सादे कपड़ों में....ख़ुफ़िया विभाग का! बात करने का अंदाज़ ख़ूबसूरत...मगर रोबीला! साथ ही हमेशा चौकस!)

खोपकर : *(दहाड़कर)* बस, बहुत हो गया। ख़ामोश हो जाओ स्सालो सब! हिलना मत अब कोई अपनी जगह से।

त्यागी : कोई ज़रूरत नहीं! काट डालो एक-दूसरे को। लेकिन मेरे इलाके में नहीं।

विलास : *(एकदम से)* अरे त्यागी साब...सर... *(सैल्यूट करता है।)*

कई फनियर : सर...राम-राम सर!

असलम : खोपकर साब को...

कई खंजर : सलाम साब...आदाब सर...

त्यागी : क्या सलाम यार...तुम करीमपुरा वालों ने क्या कर डाला है इस इलाके को? तुझे किसने मारा अंटे? *(अंटा एकदम से विलास को देखता है। विलास सारे मामले को एकदम अपने हाथ में ले लेता है।)*

विलास : हाँ, किसने मारा बे?

(अंटा विलास की तरफ़ देखकर और सकपका जाता है। वो कुछ भी समझ नहीं पाता।)

विलास : अबे, तू सर को बतला न! अरे, सर जी, मैं बतलाता हूँ ये घबड़ा रहा है। ये बतला रहा था कि ये काम किसी पुलिस वाले का है।

सूजा बावरा : एक नहीं गुरु...दो थे।

खोपकर : नामुमकिन है सर।

त्यागी : महकमे के बंदों से मज़ाक़ करने का अंजाम क्या हो सकता है, ये तुम्हारें बापों ने तुम्हें बताया नहीं शायद?

विलास : अरे नहीं सर जी, हमको बल्कि आपने ही बताया था। और हम तो उसी वक़्त आपस में शर्त लगा के भिड़ गए थे कि देखें कौन-कौन इसको याद रख पाता है। कोई रख पाया बे?

सारे : नहीं कोई नहीं...

चींटा : खोपकर साहब से पूछ लो...! उनको तो याद होगा!

त्यागी : एक हाथ पड़ने की देर है चींटा...सब कुछ एक मिनट में याद आ जाएगा। *(सब चुप हो जाते हैं)* तेरी औकात मैं जानता हूँ। मुझसे पंगा मोल मत लेना। ये गली तुम लोगों के बाप की नहीं है। बहुत रँडापा कर लिया तुमने और इन साले करीमपुरा वालों ने यहाँ। चल असलम, अब दफा हो जा बेटा, अपने इन लौंडों के साथ। *(आराम से)* जल्दी बेटा जल्दी!

असलम : चलो बे। *(वे जाते हैं।)*

त्यागी : *(फनियरों से)* मुझे भी इस इलाके से लगाव है लेकिन अगर किसी वजह से मेरी ड्यूटी इस इलाके में नहीं लगाई जाती तो मैं थोड़ा हटकर उधर कॉफी हाउस में बैठ लेता हूँ। या कुछ नहीं तो किसी ट्रैफिक बूथ में ही जाकर बैठ जाता हूँ। तुम लोगों को मुझसे ही कुछ सीख लेना चाहिए। इस जगह में क्या लाल लगे हुए हैं? जब सरकार को उनसे कोई दिक़्क़त नहीं है! जब हमारा महकमा तक उनके साथ समझौता कर चुका है, तो तुम लोग क्या ये ज़मीन अपने बाप के नाम पे लिखा के लाए हो? कान खोलकर सुन लो। अभी...इसी मिनट से...इसी वक़्त से...तुम्हें उनके साथ ढंग से बर्ताव करना है। समझ गए? वरना मैं तुममें से

एक-एक के नीचे डंडे घुसेड़ के सबका ठूँठ बना दूँगा। दिमाग़ से चिपकाए रखना ये बात। चलो...बच्चों को राम-राम बोलो खोपकर!

खोपकर : *(ख़ून का घूँट पीता हुआ)* राम-राम!

(दोनों जाते हैं।)

सूजा बावरा : *(खोपकर की नक़ल उतारता हुआ)* स्साला पिल्ला... ''राम-राम''...

अंटा : क्या जोड़ी है स्सालों की...

चींटा : *(कड़वेपन से)* ''ये गली तुम्हारे बाप की है''...

सूजा बावरा : ''इस जगह में क्या लाल लगे हुए हैं''...

चींटा : ''तेरी औकात मैं जानता हूँ चींटा...''

बबुआ : मुन्नों के पार्क में जाकर खेलें...?

चींटा : वरना तू तो नीचे डंडा घुसेड़ देगा...

अंटा : वरना तू तो हमारा ख़ून कर देगा...

चींटा : दुनिया छोड़ दें तेरे लिए...? जिस टोले के पास अपना इलाका नहीं, वो टोला कहलाने के लायक नहीं।

विलास : चल छोड़ चींटा! ये इलाका हमारा है, ये गली हमारी है। हमें 'फनियर' कहते हैं! 'सुहासधाम के फनियर'। इन 'खंजरों' को इनकी औकात बतलाना हमारा काम है। चलो बे...निकल लो। *(अंटा अचानक अपने कान पर हाथ रख के कराहता है। बबुआ बब्बल उसके पीछे है...)*

बबुआ : अबे, तेरे कान से तो ख़ून निकल रहा है...!

अंटा : अबे ठीक है यार, चलता है!

सूजा बावरा : तू बिलकुल करीमपुरा वालों का छिला हुआ मुर्ग़ा लग रहा है। शाब्बाश बेटा...

विलास : चुप बे सुज्जू। इन हरामियों की हरकत है न ये। कौन-सा था?

अंटा : असलम! क्योंकि मैंने उसे कहते सुना था कि ये रहा बदला मेरे अब्बा की दुकान में आग लगाने का, स्साले फनियर!

बबुआ : *(कटे हुए कान को ख़ौफ़ से देखता है।)* उफ़!

चींटा : और तूने क्या किया? स्साले की आँत नहीं चीर दी? इन हरामज़ादे करीमपुरा वालों की वजह से ही मेरा बाप सड़क पर आ गया था।

विलास : तुझे किसने बतलाया?

चींटा : मेरे बाप ने।

बबुआ : *(धीमे स्वर में अंटे से)* और मेरे बाप का ये कहना है कि इसके बाप को तो वैसे भी सड़क पे आना ही था।

चींटा : क्या बोल रहा है बे?

बबुआ : *(जल्दी से?)* मेरा बाप ये कहता है कि ये स्साले करीमपुरा वाले हमारे आज़ाद मुल्क में आग लगा रहे हैं।

चींटा : और हम क्या कर रहे हैं इसके लिए?

(इतने में भीड़ को चीरती हुई एक लड़की आती है। उसका नाम है 'ऐंवेई'। बॉबकट बाल! मगर चेहरे पर थोड़ा-थोड़ा बावलापन!)

ऐंवेई : मज़ा आ गया रे विलास! क्या लड़े हो!

चींटा : ये कहाँ से आ मरी?

ऐंवेई : मैं गई ही कब थी? तुमने मुझे देखा नहीं लड़ते हुए? मुझे तो चोट भी लग गई। हाय ये विलास...मैं तो मार ही डाली गई थी। *(विलास का हाथ पकड़ने की कोशिश करती है।)*

विलास : अच्छा, अब बात सुन ऐंवेई...

ऐंवेई : अब क्या सोचा है तुमने मुझे टोले के अंदर लेने के बारे में...?

अंटा : *(धीमे से)* हमने तो सोचा है पूरे टोले को ही तेरे अंदर देने के बारे में।

ऐंवेई : क्या बोला बे...*(उसकी तरफ़ झपटती है लेकिन विलास बीच में ही उसे पकड़कर बाहर धकेल देता है।)*

विलास : रास्ता उस तरफ़ है मेरी जान...*(ऐंवेई जाने से पहले थूकती है फिर जैसे ही चींटा उसकी तरफ़ एक क़दम बढ़ाता है, वो एकदम से बाहर भाग जाती है।)*

विलास : अच्छा, अब मेरी बात सुनो...ग़ौर से! ये इलाका हमारा है, ये ज़मीन हमारी है...ये मुल्क हमारा है। और आज से नहीं है...सदियों से है और सदियों तक हमारा ही रहेगा। हम इसे किसी भी क़ीमत पर अपने हाथ से जाने नहीं देंगे। इन साले घुसपैठियों को हम हमेशा ये बतलाते रहेंगे कि तुम घुसपैठिए हो और घुसपैठिए रही रहोगे! या तो अपनी औकात पहचान कर रहो और नहीं तो दफा हो जाओ यहाँ से अपना ढोर-डंगर उठाकर। चले जाओ उसी नाली में जहाँ के कीड़े हो। लेकिन यहाँ रहना है तो ये बात दिमाग़ से चिपका के रहो कि तुम हमारी ज़मीन पर रह रहे हो। लेकिन आज हक़ीक़त दरअसल क्या है? कि हमें अपनी ही ज़मीन से बेदख़ल किया जा रहा है। हम अपने ही इलाके में बेगाने ठहराए जा रहे हैं...और इसमें क़सूर किसका है? इसका ज़िम्मेदार कौन है? हमारे लोग...हमारे अपने लोग...हमारा क़ानून...हमारी सरकार, हमारी पुलिस...! हमारी पुलिस तक इन्हें सहारा देती है, इन्हें हमसे बचाती है और इसीलिए कोई बड़ी बात नहीं कि आने वाले दौर में ये करीमपुरा वाले हमारी नाक के अंदर घुसकर इस इलाके को हमसे छीन लें। और ये ख़तरा तब तक बना रहेगा जब तक हम ही लोग अपनी तरफ़ से एक आख़िरी क़दम उठाकर उन लोगों का एक ही बार जड़ से सफाया न कर दें।

चींटा : *(उसकी आँखें नाच उठती हैं।)* हो जाने दो नंगा नाच गुरु...मज़ा जा जाएगा!

विलास : आराम से चींट। खंजरों को भी ये ही इलाका चाहिए और कम वो भी नहीं हैं। बोतलें और छुरे और कट्टे तो उनके पास भी होंगे।

बबुआ : कट्टे...अरे वाह...*(उछलता है।)*

विलास : आराम से...बोला न...! उछल मत ज़्यादा! ये पंगा बड़ा होने वाला है और इसकी तैयारी भी पूरी-पूरी होनी चाहिए। अब बोलो...क्या मूड है सबका?

चींटा : मैं तो हमेशा से कहता हूँ...होने दो बॉस!

सूजा बावरा : और अगर वो स्साले छुरे और कट्टे की बात करें तो...

बबुआ : मैं तो कहता हूँ...जाने दो यार!

डीज़ल : तू बोल...।

विलास : मैं कहता हूँ कि हम फनियर हैं! हम हमेशा से नम्बर एक थे, और नम्बर एक रहेंगे।

डीज़ल : ठीक! तो हो जाने दो एक आख़िरी फ़ैसला! निपटाओ ये मामला।

चींटा : चीर दो स्सालों को...

अंटा : आन दो बॉस...

सूजा बावरा : टेंशन तो ख़त्म हो...

बबुआ : पैं पैं पैं...

विलास : ठीक है तो टंटा ही ख़त्म करते हैं! स्साला बहुत हो गया। *(चारों तरफ़ जोश)* मैं सीधा असलम से मिलता हूँ। देखें क्या चाहता है वो! अगर छुरे-कट्टे इस्तेमाल करने हैं तो वो भी तय कर लें। बाद में स्सालों को बोलने का मौक़ा न मिले।

सूजा बावरा : लेकिन उसके साथ चौबीसों घंटे अख़्तर रहता है विलास। और अख़्तार को खुखरी में कमाल हासिल है। तुझे अपने साथ वैसा ही एक भरोसेमंद बंदा रखना पड़ेगा उससे मिलते वक़्त।

चींटा : *(आगे बढ़ता है)* मैं हूँ तो।

विलास : वो आभास रहेगा।

चींटा : आभास क्यों?

विलास : इस मुक़ाबले में हमें आभास सरीखा बंदा ही लगेगा। जिसका हाथ लोहे की संडासी हो और दिमाग़ लोहे की कैंची।

चींटा : लेकिन आभास अब हममें से नहीं है।

विलास : ये टोला शुरू किसने किया था चींटा, मैंने और आभास ने।

चींटा : वो हरकतें ही ऐसी कर रहा है जैसे हमसे कोई मतलब ही नहीं रखना चाहता हो।

विलास : फनियरों से मतलब कौन नहीं रखना चाहेगा!

चींटा : लेकिन वो पूरे एक महीने से हमारे साथ नहीं है।

सूजा : और उस दिन के बारे में क्या कहता है जब हमने सिराज टोले को मारा था?

अंटा : जो हम आभास के बिना कर ही नहीं सकते थे। पट्ठे ने कहाँ घेरा था उन्हें! पुलिया के नीचे।

बबुआ : और मेरे गले की छुरी उसने अपनी कलाई पर ले ली थी।

विलास : मैं आभास को अपने से ज़्यादा जानता हूँ। मेरी गारंटी है कि वो आएगा।

चींटा : ठीक है यार! कुछ भी करो लेकिन अब बस...टूट पड़ो।

अंटा : लेकिन असलम को ढूँढ़ेगा कहाँ पर? करीमपुरा जाना तो ख़तरनाक है।

विलास : आज रात साँवली के अहाते में सालाना मेला लगने वाला है। वहाँ उसके आने की पूरी-पूरी गुंजाइश है।

बबुआ : हाँ-हाँ, वो लोग हर साल वहाँ आते हैं।

तलैया : लेकिन साँवली के अहाते में पंगा करने का मतलब समझता है न? थाना सामने ही है। ये खोपकर साला चौबीस घंटे वहीं बैठता है।

विलास : वहाँ पंगा कौन कर रहा है मेरी जान! वहाँ तो सिर्फ़ बात करनी है, पंगा करने की जगह तय करने की!

अंटा : बहुत बढ़िया बाप जी! लौंडा अभी नासमझ है, माफ़ कर दो!

विलास : कर दिया! और बोल...?

(सब हँसते हैं।)

विलास : तो सब एकदम कँटीले बनकर आना। एकदम चकाचक! लेकिन चौकन्ने। मैं 9 बजे वहाँ मिलता हूँ आभास के साथ। और ताल ठोंक के चलना। स्साला...मसल के रख देंगे।

अंटा : अबे, हम तो हमेशा ताल ठोंक के चलते हैं।

बबुआ : क्योंकि हम फनियर हैं।

चींटा : सबसे ख़ूँख़्वार...सबसे ख़तरनाक...सबसे ज़हरीले।

फनियरों का गाना

क्योंकि हम फनियर हैं, ऐसे कारीगर हैं
कि हमको हर कोई, कहता कुछ भी नहीं
अपनी क्या बात है अपना अंदाज़ है
अपनी ही रीत है, अपना रिवाज़ है।
तो जाओ जाके कह दो कि हाँ हमसे वो चुपचाप रहें
वरना बस हो जाएगा चाक गला
हमको तो सोने दो, चाहे कुछ होने दो
हम जब भी जागते, ऐसे हैं काटते
ज़हरीला है डंक हमारा, लगता है बस एक इशारा
किसको ज़िंदा रहना आज खला।
आएगा क्यों नहीं वो तो है यार हाँ
हाँ–हाँ आभास को, हमसे है प्यार हाँ
फिर देखेंगे ज़रा, खंजर टोले का दम
फिर देखेंगे कि हैं हम भी किस–किस से कम
हट जाओ भई छोड़ो रास्ता, हमसे कम रखना हाँ वास्ता
फनियर टोला देखो आज चला
क्योंकि हम फनियर हैं...

फेड-आउट

दृश्य 2

फेड-इन

अगला दिन!
चचा की दुकान

(एक छोटी-सी सीढ़ी पर चढ़ा एक ख़ूबसूरत लड़का एक साइन बोर्ड पेंट कर रहा है। उस पर लिखा है 'चचा की दुकान'। नीचे विलास टहल रहा है। सीढ़ी वाले लड़के का नाम है–आभास।)

विलास : *(एकदम मुड़ता है! झटके से)*
क्या 'नहीं' यार! जूता-सा मार दिया कि 'नहीं'...स्साले बिना बतलाए कि क्यों नहीं?

आभास : *(ऊपर काम करते हुए मुस्कराता है)* क्यों नहीं?

विलास : इसलिए कि ये 'मैं' पूछ रहा हूँ...तेरी जान...

आभास : हाय रे, मेरी जान! *(साइन बोर्ड को देखते हुए)* नहीं लग रही ये एकदम चकाचक, ऐन मशीन का प्रिंट?

विलास : बूचड़ है गुरु!

आभास : बतलाओ स्साला! सत्ताईस साल पहले चचा ने ये टपरा लिया था। इतनी मेहनत करके ये दुकान खोली। तीन साल तो मुझे हो गए यहाँ काम करते-करते। और आज तक अपने नाम का एक बोर्ड तक नहीं लटकाया गया उनसे! आज चौंक जाएँगे ये बोर्ड देखकर...!

विलास : *(सीढ़ी हिलाते हुए)* ये भी ज़रूरी है आभास।

आभास : *(नीचे उतरता हुआ)* बहुत ज़रूरी है न! चेनें...हॉकी... छुरे...और तेरे ये फनियर...

विलास : और तू क्या था एक महीने पहले तक? स्साला बकवास कर रहा है! साढ़े चार साल हो गए मुझे तेरे घर में रहते हुए! और साढ़े चार साल से मैं ये ग़लतफ़हमी पाले हुए हूँ कि तू मुझे मना नहीं कर सकता। तेरी रग-रग से वाक़िफ़ हूँ मैं। और तूने एक ही सेकंड में जूता-सा मार दिया...।

आभास : अरेरेरे...इतनी तकलीफ़ क्यों उठाता है मेरी जान? अपना सामान बाँधकर मेरे मकान से दफा क्यों नहीं हो जाता!

विलास : हो जाता बेटा, लेकिन तेरी अम्मा से मेरा लफड़ा जो चल रहा है। *(आभास एकदम उसकी बाँह पकड़कर मरोड़ देता है।)* अबे नहीं बे...क्योंकि अपने उस दरोड़े चचा के साथ रहने में मुझे घिन छूटती है।

(आभास उसे छोड़कर वापस सीढ़ी पर चढ़ जाता है।)

आभास : अब फूट यहाँ से...और जाके अपने फनियरों को दूध पिला।

विलास : दूध तो उन्हें तू भी पिला चुका है बेटा! और देख ले...इलाके में सबसे जंट हैं फनियर।

आभास : थे कभी...।

विलास : हैं! वरना तू एक का नाम ले।

आभास : नाम तो मेरे पास नहीं है, लेकिन...

विलास : तू बोल तो...!

आभास : *(एक पल ख़ामोश रहता है)* विलास, एक महीने से कुछ हो रहा है। पता नहीं क्या...! मैं अचानक खड़े-खड़े चौंक जाता हूँ...और फिर पता नहीं क्या-क्या टकराता है दिमाग़ से...!

विलास : क्या-क्या?

आभास : *(कहीं खोए हुए)* कुछ पता नहीं। कुछ है...जो घटने वाला है। मुझे मालूम नहीं क्या है वो...

विलास : क्या हो सकता है यार!

आभास : मुझे कुछ पता नहीं। मतलब...जैसे कि...जब मैं एक महीना पहले...टोले में था तो मुझे झटके लगने लगे थे ये सोच-सोचकर कि मैं क्या कर रहा हूँ...कहाँ जा रहा हूँ..!

विलास : *(व्यंग्य से)* यानी तुझे यार होने की वजह से झटके लगते थे?

आभास : यार तो हम आज भी हैं।

विलास : तो स्साले...यार के लिए तू इतना भी नहीं कर सकता?

आभास : नहीं विलास! ये सब बहुत हो गया यार। ये फनियर... वनियर! अब बस।

विलास : तू अभी क्या है स्साले? टोले को छोड़कर तूने कौन से कद्दू उखाड़ लिये? पहले तेरे आस-पास पाँच लोग चला करते थे। किसी की माँ ने दूध नहीं पिलाया था कि कोई तुझे हाथ लगा जाए। और उससे भी बड़ी बात थी कि तेरे टोले का नाम फनियर था। तू फनियरों का बॉस था। और आज...सबको छोड़कर अकेला पड़ा हुआ है। इससे तो किसी अनाथालय में जाके भर्ती हो जा।

आभास : नहीं विलास, मैं अपने हिस्से का भुगत चुका।

(ख़ामोशी)

विलास : आभास, यार! इस बार पंगा बड़ा है यार। वो स्साले खंजर कम नहीं हैं। हमें उन्हें रोकना है और हमें तेरी ज़रूरत है। देख यार, मैं अपने बूते पर टोले में ये बात बोल चुका हूँ कि तू आएगा। नाक का सवाल है यार। *(ख़ामोशी)* अच्छा एक बात सुन...। तू आगे आए न आए लेकिन आज की रात साँवली के अहाते में पहुँच जा। सिर्फ़ आज की रात! *(ख़ामोशी)* यार देख, मैं तेरे दिन के वक़्त का एक सेकंड भी नहीं माँग रहा। तू दिन-भर अपना काम कर...लेकिन आज रात को वहाँ आ जा यार...! देख, मैं बोल रहा हूँ...*(आभास दूसरी तरफ़ मुड़ता है।)* मेरी इज़्ज़त बच जाएगी यार।

आभास : *(थोड़ी देर बाद उसकी तरफ़ मुड़ता है।)* कितने बजे पहुँचना है?

विलास : *(उछलता है)* तू बोल। दस बजे?

आभास : *(एक साँस लेकर)* ठीक है। दस बजे। *(विलास उससे लिपटता है।)*

विलास : अरे मेरी जान...!

आभास : ठीक है मेरी जान। मजबूर तूने किया है! पछताना मुझे पड़ेगा।

विलास : अरे तू आ तो! किसे पता तू जिस बात के घटने का इंतज़ार कर रहा है वो तेरा वहाँ इंतज़ार कर रही हो। चलता हूँ...रात को...दस बजे...।

(वो भाग जाता है)

आभास : *(उसी तरफ़ देखता रहता है! बड़बड़ाता है!)* वाकई...किसे पता! *(चारों तरफ़ देखता है!)*

आभास का गाना

क्या है क्या है क्या है ये क्या-क्या क्या है...
क्या है क्या है क्या है ये क्या-क्या क्या है...क्या है...क्या-क्या है
जिसने मुझको फिर झकझोर दिया है...
अजब-ग़ज़ब-सा जिसने शोर किया है
क्या है क्या क्या है...
जिसने कोने में हाँ की है आहट क्या है क्या क्या है
जिससे धक धक धक धक होती दहशत क्या है क्या क्या है
फिर भी इक धीमी-धीमी मीठी सी क्या है क्या क्या है
सुलग-सुलग पड़ती है आँच दबी-सी क्या है क्या क्या है
बार बार बार हाँ कुछ भड़का है क्या है क्या क्या है
तपी धौंकनी सा ये दिल धड़का है क्या है क्या क्या है
क्या है क्या है क्या है...
कहता है फिर से कुछ ये सन्नाटा क्या है क्या क्या है
रोता है चुपचाप नज़र नहीं आता क्या है क्या क्या है
बढ़ती हैं बेताबी हरेक जगह से क्या है क्या क्या है
उथल-पुथल होती है ख़ास तरह से क्या है क्या क्या है
अभी अभी अभी कोई बोला है क्या है क्या क्या है
कौन है वो ये राज़ नहीं खोला है क्या है क्या क्या है
क्या है क्या है क्या है...

सँभल के रहना ऐ दिल हो जाए ना मुश्किल
आगाह मुझे करती है हाँ आवाज़ कोई इक क़ाबिल
कुछ भी हो सकता है, तू भी तो खो सकता है
फिर आगे ना पछताना मुझको भी मत बतलाना
सोच सोच सोच अभी मौक़ा है क्या है क्या क्या है
देख कहीं कोई आसपास धोखा है क्या है क्या क्या है
क्या है क्या है क्या है...

फेड-आउट

दृश्य 3

फेड-इन

(5 बजे शाम। तबस्सुम की दुकान। तबस्सुम एक ख़ूबसूरत और मेच्योर्ड लड़की है जो तराना के लिए एक सफ़ेद रंग के लिबास को आख़िरी टच देने में लगी हुई है। तराना एक बहुत ख़ूबसूरत जवान लड़की है। उनके अलावा दो और लड़कियाँ हैं। उनके नाम हैं निगार और मुनीरा। वे दोनों बैठी हुई क़शीदाकारी कर रही हैं।)

तराना : *(अपना लिबास उठाते हुए)* तबस्सुम, ऐ इसका गला थोड़ा और नीचे कर दो ना।

तबस्सुम : अच्छा बस। अब बहुत हो गया तराना।

निगार : अरे कर दो न। एकाध इंच में क्या हो जाएगा!

तबस्सुम : तू अपना काम कर।

मुनीरा : ठीक तो कह रही है वो। एक इंच में क्या हो जाएगा।

तबस्सुम : *(काम करते हुए)* बहुत-कुछ।

निगार : *(काम करते-करते एक गहरी साँस लेती है)* अरे कितना कुछ हो जाएगा आख़िरकार!

तबस्सुम : तुझसे मैंने क्या बोला? तू अपना काम कर। महफ़ूज़ की बीवी का कपड़ा कल तक तैयार नहीं हुआ तो पैसे नहीं मिलेंगे।

निगार : कल तक? मतलब कल दिनभर बैठना पड़ेगा?

तबस्सुम : क्यों! तेरा कल निकाह होने वाला है?

मुनीरा : *(गहरी साँस भरती है।)* अरे, किसे पता हो ही जाए!

तबस्सुम : तुम दोनों होंठ-सी कर बैठा करो यहाँ पर। ये सारी ख़ुराफ़ातें इसके सामने मत किया करो।

(तराना की तरफ़ इशारा करती है।)

मुनीरा : क्यों इसे थोड़े दिन बाद ये ख़ुराफ़ातें नहीं करनी हैं क्या?

तबस्सुम : मैं ये कैंची उठाकर मार दूँगी मुनीरा।

मुनीरा : भई, हम तो जो कुछ करते हैं बाहर करते हैं। तू अपनी बोल। तू जो असलम के साथ कल दोपहर यहाँ पर...

तबस्सुम : *(कैंची उठाकर उठती है)* दफा हो जाओ तुम दोनों यहाँ से...

निगार : अरे लो। अभी तो कह रही थीं कि काम करो और...

तबस्सुम : वो सब मैं कर लूँगी। तुम्हारा छुट्टी का वक़्त हो गया। तुम निकलो यहाँ से।

निगार : *(गहरी साँस लेकर उठती है।)* ठीक है भई। चल मुनीरा। लेकिन तब्बो...आगे से असलम से कहा कर कि दरवाज़ा बंद करके अंदर आए। कल दोपहर खुला हुआ था...

तबस्सुम : तुम दोनों जाती हो या नहीं...? *(उनके पीछे झपटती है। वो दोनों हँसती हुई भाग जाती हैं। तबस्सुम लौटती है। सामने रोनी सूरत बनाए तराना खड़ी है।)*

तबस्सुम : हाँ, क्या है?

तराना : *(भोलेपन से)* एक इंच में क्या हो जाएगा।

तबस्सुम : ओफ़्फोह तराना! मैं बोल तो चुकी हूँ कि नहीं।

तराना : *(ठुनकते हुए)* क्या बाबा! इसे पहनकर मुझे जलसे में जाकर घूमना ही तो है। किसी के सामने घुटनों पर थोड़े ही बैठना है।

तबस्सुम : अभी थोड़ी और बड़ी हो जाओ। तब मालूम पड़ेगा कि मर्दों के सामने लड़कियाँ शुरुआत घूमने-फिरने से ही करती हैं और आख़िर में घुटनों के बल बैठी हुई पाई जाती हैं।

तराना : अच्छा, बस सिर्फ़ एक इंच और...

तबस्सुम : *(सख़्ती से)* नहीं। असलम ने मुझसे वायदा लिया हुआ है कि तुम्हारा लिबास सलीक़े का होना चाहिए।

तराना : हाँ-हाँ, सलीक़े का होना चाहिए। ये असलम भाईजान तो बस...। एक महीना हो गया मुझे यहाँ आए हुए। एक बार भी कहीं घुमाने ले गए। एक बार भी कोई चीज़ दिलवाई। बस, यहाँ बैठो...वहाँ बैठो...। तबस्सुम से बात करो...निगार को बुलवा लो। सारा दिन तुम्हें काम करते देखते रहो, बस। इससे तो मैं नाना के पास ही अच्छी थी। मुझे यहाँ लाए ही क्यों?

तबस्सुम : तुम्हें अकील को दिखाने के लिए। अकील से तुम्हारा निकाह कराने के लिए।

तराना : लेकिन अकील को देखकर मुझे कुछ भी नहीं होता।

तबस्सुम : *(दाँत से धागा तोड़ते हुए मुस्कराती है।)* क्या होना चाहिए!

तराना : कुछ तो होना चाहिए। तुम्हें क्या होता है जब तुम असलम भाईजान को देखती हो?

तबस्सुम : *(मुस्कराते हुए)* मुझे तो...उसे देखूँ या न देखूँ! उसे सोच-सोचकर ही कुछ होता रहता है।

तराना : *(तपाक से)* होता है न...?

तबस्सुम : हाँ।

तराना : तो बस इसका गला थोड़ा नीचा कर दो।

तबस्सुम : अगले साल।

तराना : अगले साल तो मेरा निकाह हो जाएगा और किसे परवाह रहेगी अगर ये यहाँ तक भी नीचा हो जाए। *(कमर तक इशारा करती है!)*

तबस्सुम : दिनो-दिन बेशर्म होती जा रही हो। ये सब कम्बख़्त निगार और मुनीरा का साथ है!

तराना : तो क्या करूँ! कुछ भी तो करने के लिए नहीं है। *(फिर एक पल चुप्पी के बाद ठुनकती है।)* मुझे नहीं मालूम। मुझे नहीं पसंद ये लिबास।

तबस्सुम : तो मत पहनो इसे और ना ही हमारे साथ जलसे में चलो।

तराना : क्या? जलसे में ना चलूँ? *(झपटकर लिबास छीन लेती है।)* अरे नहीं...नहीं...कितना ख़ूबसूरत तो है। *(एक पल के बाद)* अच्छा तबस्सुम...एक बात कहूँ?

तबस्सुम : कहो!

तराना : इसको कम से कम लाल रंग में डाई तो कर सकते हैं?

तबस्सुम : नहीं कर सकते। *(उसे पहनाने लगती है।)*

तराना : *(ठुनकती है)* सफ़ेद रंग तो गुड्डे-गुड़ियों का रंग होता है। पूरे जलसे में मैं अकेली सफ़ेदी में पुती लगूँगी।

तबस्सुम : क्या बोला?

तराना : नहीं-नहीं कुछ नहीं। तुम्हें कुछ सुनाई दिया क्या? *(तबस्सुम एक पल को उसे देखती है फिर हँसते हुए अपने से लिपटा लेती है। तभी असलम आता है। उसके साथ एक शर्मीला-सा लड़का है। उसका नाम है अकील।)*

तराना : आदाब अर्ज़ भाईजान।

असलम : तैयार हो गईं?

तराना : हाँ-हाँ, भाईजान। *(उसके सामने लिबास पकड़कर चक्कर लगाती है।)* देखिए... ख़ूबसूरत है न?

असलम : *(सिर्फ़ उसके चेहरे को देखता है।)* बहुत ख़ूबसूरत है। *(उसका माथा चूमता है।)* बहुत ज़्यादा ख़ूबसूरत है।

तबस्सुम : मुआफ़ कीजिएगा। हम नहीं सुन पाए।

(असलम उसकी तरफ़ मुड़ता है और उसको भी चूमने के इरादे से उसकी तरफ़ बढ़ता है।)

असलम : लीजिए आप भी सुनिए।

तबस्सुम : *(हल्के से डाँटकर)* अच्छा बस-बस। तारीफ़ दूर से भी की जा सकती है। *(तराना झेपकर अकील को देखकर बोलती है।)*

तराना : आओ अकील, अंदर आ जाओ।

असलम : *(मुड़कर उसे देखता है)* अरे, तू वहाँ क्यों रुक गया? अंदर आ न!

अकील : मुझे लगा कि इस जगह मर्दों की आमद पर मनाही होगी।

असलम : ठीक लगा! सिर्फ़ ग़ैर-मर्दों की। *(वो और तबस्सुम हँसते हैं! अकील भी झेंपी हुई हँसी हँसता है। तराना नीचे देखती रहती है।)*

तबस्सुम : तराना, अकील को अंदर ले जाकर अपना वो कल वाला रेशमी कशीदा दिखाओ न?

तराना : *(नीची निगाहों के साथ)* आओ अकील। *(दोनों पिछले दरवाज़े से अंदर जाते हैं।)*

असलम : हाँ, तो अब आपकी तारीफ़ थोड़ी नज़दीक आकर की जाए। *(उसकी तरफ़ बढ़ता है। काफ़ी नज़दीक पहुँच जाता है।)*

तबस्सुम : कोई ज़रूरत नहीं है।

असलम : *(उसको बाँहों में लपेटता है।)* मुझे तो है।

तबस्सुम : तुम्हें कब नहीं रहती?

असलम : ग़लत भी क्या है। छोकरी भी मेरी...हक़ भी मेरा।

तबस्सुम : मेरा तो कुछ हक़ है ही नहीं।

असलम : किसने कहा?

तबस्सुम : हर बात कहने से तो ज़ाहिर होती नहीं।

असलम : उलझाओ मत। साफ़ बोलो।

तबस्सुम : आज रात साँवली के अहाते में जा रहे हो? जलसे में?

असलम : वो तो तुम भी जा रही हो। तराना भी, अकील भी।

तबस्सुम : और तुम्हारे वो...'खंजर' भी।

असलम : उनसे तुम्हें क्या एतराज़ है?

(तबस्सुम कुछ नहीं बोलती। असलम उसे छोड़ देता है और अलग हो जाता है।)

तबस्सुम : असलम...

असलम : बोलती रहो। मुझे मालूम है क्या बोलोगी। *(आवाज़ कड़वी हो चुकी है।)*

तबस्सुम : मैं कुछ नहीं बोल रही असलम। सिर्फ़ इतना कह रही हूँ कि...*(असलम चुप रहता है)* असलम...ये सब कुछ अब ज़्यादा नहीं हो गया?

असलम : क्या सब?

तबस्सुम : तुम जानते हो 'क्या सब'?

असलम : मैं तो समझता हूँ कि अभी शुरू ही नहीं हुआ।

तबस्सुम : असलम! बहुत सारी बातें पुरानी हो चुकी हैं असलम! अब ये जगह हमारी है। अब ये वतन हमारा है।

असलम : मुझे वतनपरस्ती मत सिखाओ।

तबस्सुम : मैं तुम्हें कुछ भी नहीं सिखा रही। लेकिन अब ये 'खंजर'...ये 'फनियर'...ये कब तक चलते रहेंगे?

असलम : जब तक 'सुहासधाम' और 'करीमपुरा' रहेगा।

तबस्सुम : तुम चाहोगे तो रहेगा। तुम नहीं चाहोगे तो नहीं रहेगा।

असलम : मेरी चाह को भड़काने में उनकी चाह का ही हाथ है।

तबस्सुम : तो शुरुआत तुम कर सकते हो। कहीं कोई एक तो किसी दूसरी जुबान का इस्तेमाल करे।

असलम : और वो एक हमेशा मैं हुआ करूँ। वो एक हमेशा 'मैं' हुआ करूँ जिसके अब्बा की दुकान समेत सामान के पेट्रोल छिड़ककर जला दी गई? वो एक हमेशा 'मैं' हुआ करूँ जिसको किसी भी सड़क पर चलते हुए घुसपैठिया कहकर थूक दिया जाता है? वो एक हमेशा 'मैं' हुआ करूँ जिसको इसी मुल्क में जन्म लेने के बावजूद वो हक़ हासिल नहीं हो सकता, जो इन लोगों को है?

तबस्सुम : हक़ लेने के तरीक़े होते हैं असलम। ये खंजर-वंजर बनकर तो तुम अपने हक़ से और दूर जा रहे हो।

असलम : जितनी ज़िंदगी मैंने जी है ना इस मुल्क में, उसके हिसाब से इससे बेहतर और कोई तरीक़ा नहीं है। *(एक पल की चुप्पी)* ढंग से साँस नहीं ले सकते, ढंग से छींक नहीं सकते, ढंग से खाँस नहीं सकते, और वजह क्या! कि मैं एक ख़ास क़ौम की पैदाइश हूँ जिसे ये अपने से बदतर समझते हैं। तो या तो मैं इनकी जूती का तल्ला चाट-चाट कर ज़िंदगी गुज़ारूँ और या फिर इनकी घिनौनी निगाहों को हमेशा ख़ामोशी से सहन करता रहूँ। और इन दोनों ही तरीक़ों से मैं मुतास्सिर नहीं हूँ। मैं इनकी हर चोट का जवाब चोट से ही देना पसंद करूँगा। हमेशा।

तबस्सुम : या यूँ कहो कि इनको हर जवाब चोट से ही देना पसंद करोगे! वो चोट करें या ना करें।

असलम : ऐसा कभी नहीं हुआ।

तबस्सुम : ऐसा भी हुआ है। और हमीं लोग चश्मदीद गवाह हैं इसके! *(असलम ख़ामोश रहता है।)* अपनी ही बात कर लो। एक गली के ज़रा से टुकड़े की ख़ातिर तुम...

असलम : सवाल गली के टुकड़े का नहीं है। सवाल हमारे हक़ का है।

तबस्सुम : इस मुल्क में रहते हुए, इस मुल्क के बनकर तो हम अपना हक़ हासिल कर सकते हैं असलम, वरना नहीं। *(असलम ख़ामोश रहता है! इतने में पिछला दरवाज़ा खुलता है और तराना अकील के साथ अंदर आती है वो अब पूरी तरह से तैयार है।)*

तराना : लीजिए भाईजान! हम अब पूरी तरह से तैयार हो गए।

(एक पल की चुप्पी। तराना कुछ समझ नहीं पाती फिर बोलती है।)

तराना : भाईजान! आज का जलसा तो बहुत ख़ूबसूरत होगा ना!

असलम : *(एक गहरी साँस लेता है)* हाँ।

तराना : होना ही होगा भाईजान। क्योंकि आज रात मेरी नई ज़िंदगी की पहली ऐसी रात है जब मैं घर से बाहर किसी जलसे में एक नया लिबास पहन कर निकलूँगी। *(वो अपने लिबास को हाथों से पकड़कर थोड़ा सा थिरकती है। उस पर स्पॉट है! वो अपने सफ़ेद लिबास में घूमना शुरू करती है!)*

फेड-आउट

दृश्य 4

फेड-इन

(धीमे-धीमे साँवली का अहाता रोशन हो रहा है! रंगीन गुब्बारे! रंग-बिरंगे बल्ब, कनातें म्यूज़िक! मेला लगा हुआ है! एक पुराना बायोस्कोप! वहाँ बैठे मदमस्त मियाँ लड़कों की .फ़रमाइश के गाने बजा रहे हैं! .ख़ूब चहल-पहल! अपने पसंद के गानों के चिट पहुँचाने में 'फनियर' टोला आगे है! असलम के अभाव में 'खंजर' थोड़े बेचैन से यहाँ-वहाँ घूम रहे हैं! रात के दस बजे का वक़्त! विलास भी असलम के इंतज़ार में हुल्लड़ में हिस्सा नहीं ले पा रहा। गानों पर लड़के नाच रहे हैं, कूद रहे हैं।)

(इतने में असलम का तबस्सुम, तराना और अकील के साथ प्रवेश! अख़्तर दौड़कर उनके पास जाता है! असलम के आने से खंजरों में उत्साह की लहर फैल जाती है। एकदम से कोई .फ़ैसला होता है और उनमें से रफ़ीक़ जाकर मदमस्त के पास एक गाने की चिट ले के पहुँचता है। मदमस्त जैसे ही वो चिट लेकर पीछे मुड़ता है वैसे ही अंटा एक चिट लेकर उसके हाथ में ज़बरदस्ती थमा देता है! मदमस्त उसको देखता है फिर अंटे से कहता है कि उसका गाना बाद में बजा देंगे। इस पर कुछ तकरार होती है। इधर से थोड़े फनियर उठते हैं और उधर से थोड़े खंजर! आपस में तकरार बढ़ती है। कुछ पंगा होने की संभावना ही है कि मदमस्त एकदम बीच में आ जाता है।)

मदमस्त : एक मिनट, एक मिनट, जवान एक मिनट!

अंटा : पहले गाना! हमारा वाला!

मदमस्त : हाँ-हाँ, तेरा वाला ही बजा रहे हैं बाप!

रफ़ीक़ : फ़रमाइश पहले मेरी पहुँची है!

मदमस्त : अरे, मैंने ले ली पिताज़ी! लेकिन एक मिनट के लिए तो ठहर जा! अरे असलम...अबे ऐ विलास...! अबे ज़रा सँभालो यार अपने लौंडों को!

विलास : वो सँभले-सँभलाए हैं। तू बजा क्यों नहीं देता जो अंटा कह रहा है?

मदमस्त : अरे, बजा दूँगा, लेकिन तू पहले इसको रोक तो सही।

असलम : पहले रफ़ीक़ की फ़रमाइश बजेगी मदमस्त!

मदमस्त : अरे, मैं रफ़ीक़ के पूरे ख़ानदान की फ़रमाइश बजा दूँगा यार। एक मिनट साँस तो लेने दे!

(सब एक-दूसरे को ख़ामोश करते हैं। 'ओए चुप हो जाओ बे', 'चुप हो जाओ बे' की आवाज़ें सुनाई पड़ती हैं फिर धीरे-धीरे शोर कम हो जाता है।)

मदमस्त : देखो यार भाई लोग। यार, अब वो दम-खम तो रहा नहीं जो आज से चालीस साल पहले था, जब मदमस्त बाबू फ़ौज में थे और सौ-सौ फ़ीट ऊँचाई यूँ ही चढ़ जाया करते थे। *(एक सीटी)* लेकिन फिर भी पुराना खाया-पिया बदन है, सो आवाज़ भी ऊपरवाले के करम से पाटदार है और ज़िंदगी को ज़ंग भी नहीं लगा! तो कहना ये है यारो...ओए असलम...विलास ध्यान से सुनना बे! इस साँवली के अहाते में ये सालाना मेला सालों से लगता आ रहा है। जाकर अपने-अपने बापों से पूछो तो वो बतलाएँगे तुम्हें। तुम लोग तो अपनी-अपनी अम्माओं के पेट में होंगे बे जब इस मेले की बुनियाद रखी गई थी। *(हुल्लड़ होता है! मस्ती होती है)* और इस बुनियाद के पीछे की वजह जानते हो? उधर मुहल्ला 'बल्लीपुरा' था और इधर था 'दर्शननगर'। दोनों के बड़े-बुज़ुर्गों ने मिलकर ये फ़ैसला किया था कि हर साल यहाँ एक मेला लगे जिसमें हर मुहल्ले का आदमी आकर शरीक हो और

खुलकर मस्ती ले। मैं फ़ौज से रिटायर हुआ तो यहाँ धँसा दिया गया।

तो दस साल से तो मैं ही इसकी देख-रेख कर रहा हूँ। लेकिन एक बात बोलूँ दिल से? कि ये साले बुढ़ापे से तो है मेरे को चिढ़! स्साला कोई मेरे मुँह पे मुझे बुड्ढा बोल के तो दिखाए! *('अबे बुड्ढे'...आवाज़ें लगती हैं।)* तो इसीलिए मैं तो ये ही चाहता हूँ कि शहर का सारा जवान ख़ून आज के दिन साँवली के अहाते में इकट्ठा हो और उधम मस्ती करे। अबे, जिनका ज़माना गुज़र गया, उनका गुज़र गया। जिनका ज़माना है उनका है। और वैसे भी आगे की किसने देखी है? और देखना ही होगा तो आगे की देखेगा भी कौन? मेरे मुल्क के जवान ही तो देखेंगे न! अबे यार, बड़ा खाद-पानी डाल के सींचा है इस पेड़ को। इसकी डालें कटेंगी तो तकलीफ़ तो होगी ही। तो यारो, अपना तो ये ही कहना है तुमसे कि भूल जाओ आज के दिन सारी फ़िज़ूल बातें और जुट पड़ो मौज लेने में। तुमको एक गाना सुनना है स्सालो? मैं तुम्हें पच्चीस सुनवाऊँगा लेकिन अभी नहीं। अभी सबसे पहले तो मदमस्त बाबू तुमको अपना वो गाना सुनाते हैं जो मदमस्त बाबू ने कभी अलमस्त होकर कहा होगा...

(और मदमस्त गाना शुरू करता है। इस गाने में धीमे-धीमे फिकरे और छींटे कसने के बावजूद लड़के हिस्सा लेने लगते हैं! और ये गाना डांस में तब्दील हो जाता है।)

मदमस्त का गाना

मैं भी जब तेरी उमर का था तो सुन ले बे ओ विलास
मैं भी रहता था कुछ कुछ कुछ करने को बेताब
असलम साले हाथ-पैर मेरे भी कम न थे
मुझे रोक लें किसी में साले इतने दम ना थे

लेकिन मेरी बेताबी को लेकिन मेरी उस्तादी को
इस्तेमाल करने को कोई कहता था मुझसे
अपने सारे दम को लाकर पैरों में थिरकन को लाकर
कहता था मैं उससे सालो बार-बार यही बात
कि बोलो बोलो हो ज्जाये बोलो बोलो हो ज्जाये
बोलो बोलो हो ज्जाये बोलो बोलो बोलो...

कोरस : *बोब्बोलो बोलो-बोलो बोलो बोलो हो ज्जाये बोलो बोलो*
बोलो बोलो हो ज्जाये
बोलो बोलो बोलो बोलो हो ज्जाये बोलो बोलो बोलो
बोलो बोब्बोलो हो जाये
क्या बतलाऊँ चमन था मेरा क्या गुलाब-सा ताज़ा
जो इस घर में खिलता था फूल तो उस घर बजता बाजा
गर्म जोश हो मस्त शहर में दूर-दूर बिखरा था
हर बंदे की शक्ल पे मानो नूर-नूर निखरा था
फिर भी कोई कभी शिकायत कहीं किसी को होती
तो दूजे बंदे को पहले तो थोड़ी उलझन होती
फिर प्यार से देता थप्पड़ और वही बोलता बात
कि बोलो बोलो...हो ज्जाये

कोरस : *बोब्बोलो...हो ज्जाये*
...और आज देख लो स्सालो कि क्या हाल हो गया है हाँ
जब शहर ये पूरा का पूरा बेहाल हो गया है हाँ
अब चिड़िया भी उड़ती है तो वो पाँच बार तो सोचे
किसे बची है फ़ुरसत जो वो गई बहार को सोचे
जवाँ ख़ून है सालो तुम तो कम से कम समझो ये
तुम चाहो तो होगा ये तुम ना चाहो ना हो ये
भूल के सब कुछ नाचो अब बस करो नाच की बात
कि बोलो बोलो...

(और अब तक डांस रम चुका है! मदमस्त के गाने का असर एक बार लड़कों पर भी हुआ है! माहौल उदास हुआ है मगर जैसे-जैसे डांस बढ़ता है...लड़के धीमे-धीमे अपने पुराने रंग में लौटते हैं! और शोर बढ़ता है!

दोनों टोले एक-दूसरे की तरफ़ देख के नाच रहे हैं! सबके चेहरे फिर से हिंसक होने लगे हैं! मदमस्त को अब कोई नहीं सुन रहा! असलम और विलास को सामने कोतवाली होने का अहसास है! वे दोनों बंदों को रोकने की कोशिश करते हैं? और अचानक खोपकर की एंट्री! जब वो अंदर घुसता है तो उस समय सूजा बावरा और रफ़ीक़ एक-दूसरे के सामने खड़े हैं तनाव काफ़ी बढ़ चुका है। कभी भी कुछ भी हो सकता है। रफ़ीक़ और सूजा दोनों ही उस ओर नहीं देख पाते। बाक़ी लोग खोपकर को देख थोड़े हटते हैं। मदमस्त खोपकर को देख लेता है और लपककर उसके पास पहुँचता है। वो जान-बूझकर रफ़ीक़ और सूजा को पार करता हुआ उसके पास पहुँचता है।)

मदमस्त : आओ जी महाराज...हाँ जी सर...खोपकर साब...

खोपकर : क्या बात है?

मदमस्त : कुछ नहीं, बस मस्ती चल रही है। ओए सूजे! ज़रा वहाँ जाकर वो गाना बदल! ओए रफ़ीक़, ज़रा खोपकर साब के लिए पानी लेकर आ!

खोपकर : नहीं चाहिए...और सुनो तुम दोनों! *(सूजा और रफ़ीक़ रुक जाते हैं।)* क्या बात है?

मदमस्त : अरे, कुछ बात नहीं है महाराज। लौंडे मस्ती कर रहे हैं। ओए सूजे, ज़रा वो फास्ट वाला गाना तो लगा। देखना महाराज! कैसे थिरकेंगे अभी लौंडे उस गाने पर। अरे, आप बैठो तो। कुर्सी ले आ बे रफ़ीक़!

खोपकर : मैं ऐसे ही ठीक हूँ।

मदमस्त : अरे सर...आपकी मर्ज़ी। हाँ तो...जवानो! अब ये गाना बजेगा और दोनों तरफ़ से एक-एक बंदा उठकर इस पर नाचेगा। और जो सबसे बढ़िया नाचेगा, उसको मदमस्त बाबू अपना ये फाउंटेन पेन इनाम में देंगे। अबे सालो... विदेशी माल है...मिलता नहीं है आजकल! नाम सुना है कभी? 'पार्कर!' जब मैं फ़ौज में था और लड़ने के लिए

बाहर गया था, तब लाया था वहाँ से। इससे लिखकर लौंडा पढ़ाई करेगा, नौकरी कमाएगा, शादी बनाएगा और बच्चे उगाएगा! तो ठीक है! एक, दो, तीन...*(म्यूज़िक शुरू होता है? लौंडे एक-एक करके नाचना शुरू करते हैं? खोपकर कुछ देर तक उनको देखता रहता है। फिर घूरता हुआ बाहर चला जाता है। उसके जाते ही नाच में बदलाव सा आ जाता है! लड़कों के नाचने का ढंग अब एक-दूसरे को नीचा दिखाना है। इतने में आभास का प्रवेश। विलास उसको देखते ही उछलकर गले मिलता है। आभास से सारे फनियर एक-एक कर हाथ मिलाते हैं। आभास सबसे मुस्कराते हुए मिलता है और फिर पीछे की एक सीट के पास खड़ा हो जाता है। इस समय सारे खंजर और सारे फनियर बुरी तरह आगे नाच रहे हैं अपने-अपने बंदों की हौसला-अफजाई में लगे हुए हैं। तराना तबस्सुम के साथ पीछे की तरफ़ बैठी हुई है। ऐसे में कहीं आभास तराना को और तराना आभास को देखती है। वे दोनों अपनी-अपनी जगह खड़े के खड़े रह जाते हैं। धीरे-धीरे लाइट्स आगे वाले शोरगुल और हुल्लड़ पर फेड-आउट होना शुरू होती है! ये दोनों एक-दूसरे की तरफ़ धीरे-धीरे बढ़ते हैं। ये बिल्कुल खोई-खोई हालत में एकटक एक-दूसरे की निगाहों में निगाहें डालकर आमने-सामने खड़े हो जाते हैं। पीछे नाच अँधेरे में चला जाता है। धीरे-धीरे लाइट के स्पॉट में सिर्फ़ ये ही दोनों रह जाते हैं।)*

आभास : मैं तुम्हें जानता हूँ?

तराना : नहीं।

आभास : तुम मुझे जानती हो?

तराना : नहीं।

आभास : मैं तुमसे कभी मिला हूँ?

तराना : नहीं।

आभास : तुम मुझसे कभी मिली हो?

तराना : नहीं।

आभास : तो फिर...

तराना : तो फिर...क्या?

आभास : तो फिर...ये..क्या है...?

तराना : क्या...क्या है?

आभास : ये! मुझे मालूम था कि कुछ है...लेकिन ये नहीं मालूम था कि...क्या है...

तराना : क्या है?

आभास : मैं...

तराना : हाँ, तुम...

आभास : तुम...

तराना : हाँ, मैं...

आभास : यहाँ...

तराना : हाँ, यहाँ...

आभास : ये...सपना है...?

तराना : नहीं...

आभास : तो...क्या है?

तराना : क्या है...

(एकदम से लाइट्स आती है। असलम घायल शेर-सा सबको चीरता हुआ इनकी तरफ़ झपटता है। आभास को धक्का देता है।)

असलम : दूर हट फनियर!

आभास : *(चौंकता है)*...क्या...?

असलम : मैंने कहा दूर हट फनियर!

आभास : दूर...? *(पागलों-सा फिर भी तराना को देखता रहता है।)*

असलम : *(और ज़ोर से)* मैंने कहा दूर हट फनियर, मेरी बहन से दूर हट...

आभास : बहन से...? तुम्हारी बहन से...? *(वो अब तक दीवाना-सा खड़ा है।)*

असलम : *(तराना की तरफ़ मुड़ता है)* ये क्या किया तुमने...?

तराना : क्या किया...? *(वो भी आपे में नहीं है!)*

असलम : तुमने देखा नहीं कि ये उनमें से एक है!

तराना : किनमें से?

असलम : उनमें से। उन स्सासे सुहासधाम वालों में से। अकील! मैंने तुम्हें बतलाया था न कि ये हमारी औरतों से क्या चाहते हैं?

आभास : मेरी बात सुनो असलम...

(तब तक सभी लोग वहाँ पहुँच चुके हैं।)

विलास : एक मिनट मेरी जान...

अकील : *(विलास से)* ले जाओ इसे यहाँ से।

आभास : मेरी बात सुनो असलम...*(तराना को देखता है)* सुनो... तुम...

असलम : उसकी तरफ़ देखना भी मत।

आभास : वो मेरी बात सुनेगी...

असलम : वो अपने भाई की बात सुनेगी...

विलास : *(काफ़ी ज़ोर से)* एक मिनट..., *(सब एकबारगी ख़ामोश हो जाते हैं।)* एक मिनट...क्या सारा मामला यहीं निपटाना है असलम?

असलम : निपटा ही लो। फिर मौक़ा मिले न मिले। *(बढ़ता है)* *(तभी मदमस्त बीच में आ जाता है।)*

मदमस्त : क्या यार तुम लोग! सब ठीक-ठाक चल रहा था और तुमने ख़ामख़ाह बीच में भाँजी मार दी। अबे यार, क्या मज़ा आता है तुम लोगों को ये पमाड़े करने में? वो खोपकर को कितनी मुश्किल से भेजा था। उसको फिर बुलाना चाहते हो? अरे यार, मस्ती का मौक़ा है, मस्त रहो। चलो... अपनी-अपनी जगह पर! चलो...सारे के सारे...

(सब अलग-अलग हो जाते हैं। दो ग्रुप बन चुके हैं स्टेज पर एक में हैं असलम, तराना, अकील और तबस्सुम और दूसरे में हैं विलास, डीज़ल और आभास। लाइट पहले वाले ग्रुप पर आती है।)

असलम : *(तराना को)* तुम्हारे होश सलामत थे?

अकील : उसे डाँटो मत असलम भाई...

असलम : बच्चों को ग़लत हरकत पर डाँटा जाता है।

तबस्सुम : और बच्चों को पाँच ग़ैर-लोगों के सामने ज़लील भी किया जाता है।

असलम : तुम ख़ामोश रहो! *(अकील से)* इसे घर ले जाओ अकील।

तराना : ये हमारा पहला जलसा है भाईजान...

असलम : तराना, हमारा कोई ख़ानदान है, हमारी कोई इज़्ज़त है। जाओ...!

(तराना एक पल को सिर झुकाती है फिर अकील के साथ बाहर को जाती है। लाइट उसके साथ चलती है। वो दूसरे ग्रुप के पास से गुज़रती है।)

विलास : *(डीज़ल से)* ये हुई ना कुछ बात! अब आ जाएगा पट्ठा अपने पुराने रंग में।

(आभास कुछ नहीं सुन रहा है। वह पास गुज़रती तराना को देखता रहता है। तराना उसके पास अकस्मात् ठिठक जाती है।)

अकील : चलो तराना! *(वे दोनों बाहर जाते हैं।)*

आभास : *(नाम को दोहराता हुआ एक क़दम उसके पीछे बढ़ाता है।)* तराना...

(उसे आगे बढ़ते देखकर असलम उसकी ओर फिर बढ़ता है लेकिन बीच में विलास आ जाता है।)

असलम : मैं इस वक़्त तुम्हें नहीं चाहता।

विलास : लेकिन मैं तो तुम्हें ही चाहता हूँ मेरी जान! पहले पूरी सुन लो...फिर बाद में बोलो। ये छिट-पुट पंगे बहुत हो लिये। इनसे कुछ नहीं निकलने वाला। अब मेरी सुनो...ध्यान से...! हम तैयार हैं...तुम्हारी राय जाननी है!

असलम : किस बात के लिए?

विलास : एक आख़िरी मुक़ाबला...आख़िरी...! न उसके पहले कुछ...न उसके बाद में कुछ...! जो हो, उसी में हो! जो जीते उसी की बाज़ी।

असलम : ख़याल बुरा नहीं है।

विलास : तो मंज़ूर?

असलम : मंज़ूर!

विलास : शर्तें?

असलम : तुम बोलो।

विलास : बाहर मिल लें?

असलम : हमारे साथ लड़कियाँ हैं। इनको अकेला नहीं छोडूँगा। हम मिलते हैं तुमसे...आधे घंटे में।

विलास : कहाँ?

असलम : तुम बोलो।

विलास : चचा की दुकान के पीछे?

असलम : ठीक है!

विलास : और उससे पहले कोई पंगा नहीं!

असलम : इतने उसूल मैं जानता हूँ सुहासधाम!

(लाइट धीरे-धीरे सब पर फेड हो रही है। आभास को छोड़कर)

विलास : बात फैला दे डीज़ल!

(डीज़ल सिर हिलाता है)

विलास : और अब निकलो सब यहाँ से।

आभास : तराना...

(लाइट धीरे-धीरे जा रही है। यहाँ से म्यूज़िक शुरू होता है)

विलास : *(अँधेरे में)* आभास!

डीज़ल : चल वो हमें चचा की दुकान पर मिल जाएगा।

आभास : तराना...*(अँधेरे में)*

(इसके साथ ही लाइट जा रही है धीरे-धीरे और साथ ही अँधेरे में डूबा हुआ शहर रोशन हो रहा है। तराना के घर की बालकनी रोशन हो रही है। रात

गहरा चुकी है। पीछे चाँद निकल चुका है! अँधेरे में आभास की आवाज़ गूँज रही है...'तराना...तराना!' और तराना अपनी बालकनी पर नमूदार हो रही है। आभास नीचे खड़ा है।)

आभास : तराना...

तराना : चुप...!

आभास : तराना...

तराना : मैंने कहा न चुप...!

आभास : नीचे आओ...!

तराना : ना...

आभास : नीचे आओ ना।

तराना : असलम भाईजान को अगर मालूम पड़ गया तो...

आभास : वो मेले में हैं। तुम नीचे आओ।

तराना : तबस्सुम का घर पास में है। वो उसे छोड़ने अभी घर आएँगे।

आभास : मैं उनसे नफ़रत नहीं करता। वो भी मुझसे नफ़रत नहीं करेंगे। तुम नीचे तो आओ।

तराना : ना...

आभास : सिर्फ़ एक मिनट के लिए!

तराना : एक मिनट काफ़ी रहेगा?

आभास : तो पूरे पहर के लिए।

तराना : *(मुस्कराते हुए)* पूरा पहर पूरा पड़ेगा?

आभास : तो पूरी सदी के लिए। हमेशा के लिए!

तराना : धीरे बोलो।

आभास : *(फुसफुसाकर)* बोल दिया। अब नीचे आओ!

तराना : बाबा, नहीं आ सकती।

आभास : तो मैं ऊपर आ रहा हूँ।

(स्टेज के पीछे से एक जनानी आवाज़ आती है।)

आवाज़ : तराना...

तराना : जी अम्मी...*(आभास से)* मेरी अम्मीजान बुला रही हैं...

आभास : *(कोशिश करके ऊपर चढ़ता हुआ)* मैं भी तो बुला रहा हूँ! तराना...

तराना : ओफ़्फ़ोह *(अपना हाथ बढ़ाती है उसे रोकने के लिए)* धीरे बोलो...

आभास : *(बालकनी से लटकता हुआ फुसफुसाता है!)* धीरे बोल रहा हूँ...*(दोनों धीरे से हँसते हैं।)*

तराना : समझा करो। इसमें ख़तरा है।

आभास : मैं उनमें से नहीं हूँ।

तराना : हो!

आभास : *(एक पल ठिठकता है)* क्या...?

तराना : लेकिन मेरे लिए नहीं हो।
(आभास हँसता है) मैं भी तो इनमें से हूँ..!

आभास : हो!

तराना : क्या...?

आभास : लेकिन मेरे लिए नहीं हो! तुम...*(कुछ ज़ोर से बोलने की कोशिश करता है कि तराना होंठ पर उँगली लगा के कहती है 'श्श्श'।)*

(पीछे से पुरुष की आवाज़...'तरो'...)

तराना : जी अब्बा...*(आभास से)* मेरे अब्बाजान...

आभास : 'तरो'...?

तराना : वो मुझे इसी नाम से पुकारते हैं। प्यार से!

आभास : मैं उनसे भी नफ़रत नहीं करता। वो भी मुझसे नफ़रत नहीं करेंगे।

तराना : भुलावे में मत रहना! वो भी भाईजान जैसे ही हैं।
(एक पल रुकती है।) ये लोग इतने ख़ौफ़ज़दा क्यों हैं?

आभास : मैं भी हूँ।

तराना : तुम...और ख़ौफ़ज़दा? *(हँसती है)* तभी रात को ग्यारह बजे हमारे मकान की बालकनी से लटके हुए हो!

आभास : सच बोलता हूँ मैं। तुम्हें खोने का ख़ौफ़ है मुझे! असलम को भी वही ख़ौफ़ होगा।

तराना : और अब्बा को भी! है न...? *(हँसती है।)*

आभास : तुम्हें तो ख़ौफ़ नहीं है?

तराना : नहीं। *(सिर हिलाती है।)*

आभास : तो मुझे भी नहीं है।

तराना : अच्छा!

आभास : सच बोलता हूँ! मुझे देखो...

तराना : देख रही हूँ..!

आभास : देखती रहना...!

तराना : देखती रहूँगी..!

आभास : थकना मत...!

तराना : नहीं थकूँगी..!

(फिर से पीछे से औरत की आवाज़ आती है।)

आवाज़ : तराना...

तराना : मैं अभी आई। यहीं रुकना...*(वो अंदर जाती है। म्यूज़िक आता है। एकदम अँधेरे में डूबा शहर रोशन होता है। आभास चाँद को देखता हुआ दीवार से टिक जाता है!)*

तराना : *(वापस आकर)* मुझे अंदर जाना पड़ेगा। मैं अब यहाँ नहीं खड़ी रह सकती। *(शहर पर रोशनी मध्यम होती है!)*

आभास : लेकिन क्यों?

तराना : मैंने तुम्हें बतलाया न...

आभास : कि वो सब ख़ौफ़ज़दा हैं...?

तराना : हाँ...

आभास : तुम तो नहीं हो। मैं तो नहीं हूँ।

तराना : वो मुझे लेकर बहुत सख़्त हैं। अभी जाओ।

आभास : ठीक है! अभी जाता हूँ।

तराना : ख़ुदा हाफ़िज़।

आभास : ख़ुदा हाफ़िज़। मैं अभी जाता हूँ।

तराना : ठीक है, अभी जाओ। *(वो उसकी तरफ़ देखता हुआ जाने लगता है।)* मैं तुम्हें फिर कब देख पाऊँगी। *(वो वापस ऊपर चढ़ने लगता है।)* वहीं से बोलो। कब?

आभास : जब तुम चाहो!

तराना : मैं कल तबस्सुम की दुकान पर मिलूँगी।

आभास : कितने बजे?

तराना : सूरज ढलते ही!

अभास : ठीक है। ख़ुदा...*(अटक जाता है)*

तराना : हाफ़िज़। *(दोनों मुँह दबाकर हँसते हैं।)*

(वो चलता है। तराना फिर रोकती है।)

तराना : सुनो...

आभास : श्श्श...

तराना : श्श्श...*(दोनों फिर मुँह दबाकर हँसते हैं।)*

तराना : पिछले दरवाज़े से आना।

आभास : अच्छा। *(वो चलता है।)*

तराना : सुनो...

आभास : धीरे बोलो।

तराना : *(फुसफुसाकर)* धीरे बोल रही हूँ। *(दोनों फिर हँसते हैं।)* तुम्हारा नाम क्या है?

आभास : *(फुसफुसाकर)* आभास...!

तराना : आभास...! इसका मतलब क्या होता है?

आभास : आभास...मतलब अहसास।

तराना : *(बुदबुदाती है)* अहसास...! ख़ुदा हाफ़िज़! मेरे अहसास!

आभास : ख़ुदा हाफ़िज़ मेरी तराना!

(वो अँधेरे में गुम होता है। वो कुछ देर तक उसे जाते देखती है! फिर खिड़की से हटती है तभी असलम अपने टोले और लड़कियों के साथ सड़क पर घुसता है!)

असलम : *(खिड़की की तरफ़ देखता हुआ)* तराना...

तबस्सुम : वह पहुँच चुकी होगी। अकील उसके साथ था।

असलम : वो सिर्फ़ घर तक छोड़ने आया होगा। घर में वो अकेली होगी।

तबस्सुम : घर में उसकी अम्मी हैं। उसके अब्बा भी।

असलम : वो लोग इस मुल्क को मुझसे बेहतर नहीं जानते।

तबस्सुम : तुम्हें इस मुल्क में पैदा उन्होंने ही किया है जनाब!

असलम : तब ज़माना कुछ और था! अब ज़माना कुछ और है।

तबस्सुम : ग़लतफ़हमियाँ पाल रखी हैं अपने बारे में। तुम तो इस मुल्क को जान ही नहीं सकते। ये हिंदुस्तान है। यहाँ पर लड़कियों को आज़ादी से जीने की इजाज़त है।

असलम : इसीलिए मुझे और ज़्यादा ख़ौफ़ है।

तबस्सुम : अच्छा? *(चुटकी लेते हुए)* और अगर वो पाकिस्तान में होती हो?

असलम : तो?

तबस्सुम : तो? तो ख़ौफ़ नहीं होता?

असलम : शायद...नहीं...!

तबस्सुम : शायद क्यों लगाया?

असलम : *(लापरवाही से)* मालूम नहीं! लग गया अपने आप!

तबस्सुम : क्योंकि पाकिस्तान भी कभी हिंदुस्तान में ही था?

असलम : अब तो नहीं है।

तबस्सुम : था तो!

असलम : अब तो नहीं है। और अगर कभी था भी तो तुम अपने आपको कैसे अपनी जड़ों से काट सकती हो?

तबस्सुम : मेरी जड़ें तो यहीं पनपी हैं।

असलम : तो रख लो नाम अपना सुनीता या अनीता...*(हल्के से हँसता है।)*

तबस्सुम : क्यों? तबस्सुम नाम के साथ क्या यहाँ रह नहीं सकते?

असलम : ख़ाली तबस्सुम नहीं। *(मज़े लेता है।)* इसरत जहाँआरा तबस्सुम...वल्द अब्दुल रज़ा...

तबस्सुम : मैं अब सिर्फ़ तबस्सुम हूँ।

(असलम उसके नाम को लगातार पूरा करता जाता है।)

तबस्सुम : अरे जाओ! घुसपैठिए हो हमारे मुल्क में। रिफ्यूजी!

असलम : घुसपैठ करना भी तो आप ही ने सिखाया है मुहतरमा!

तबस्सुम : अरे, हमसे तो घुसपैठ करने के लिए सैकड़ों तैयार थे! बस तरस आ गया तुम पर! हमारी देख-रेख नहीं होती तो उड़ गए होते अब तक!

असलम : ये बात तो है। *(थोड़ा नज़दीक आता हुआ)* देख-रेख तो बख़ूबी करना जानती हैं आप!

तबस्सुम : अजी, वो तो हमारे मुल्क की ख़ासियत है।

असलम : आपके मुल्क की ख़ासियतों से थोड़े-बहुत वाक़िफ़ तो हम भी हैं! *(माहौल हल्का हो चुका है!)*

तबस्सुम : दिलो-दिमाग़ का खुलापन चाहिए जनाब, हमारे मुल्क की ख़ासियत को समझने के लिए।

असलम : अब वही होता तो यहाँ होते! अमरीका में बैठे होते अब तक।

तबस्सुम : अरे वाह, किस जगह का नाम ले दिया! वैसे तुम्हारे लिए सबसे माकूल जगह वही है।

असलम : वो तो है ही। वो जगह बनी ही हम जैसों के लिए है।

तबस्सुम : आय हाय! जैसे एकाध चक्कर तो रोज़ ही लगते होंगे वहाँ के।

असलम : वो भी लग जाएँगे। आप तो आगे-आगे देखिए होता है क्या! *(तभी अकील आता है।)*

तुम कहीं चले गए थे क्या उसको छोड़ने के बाद?

अकील : हाँ, ज़रा घर का चक्कर लगा आया।

असलम : कैसी थी वो जब तुमने उसे छोड़ा था!

अकील : ठीक थी। असलम भाई उसने सिर्फ़ उसके साथ बात की थी।

असलम : उस फनियर के साथ! क्या नाम है...आभास।

तबस्सुम : क्या नाम है...असलम!

असलम : और लगता क्या है...तीतर!

तबस्सुम : और बोल कौन रहा है...गैंडा!

असलम : अब इतने बदसूरत तो नहीं हैं!

तबस्सुम : वो तो हमें नहीं मालूम। लेकिन वो आभास ज़रूर ख़ूबसूरत है! *(मुस्कराती है।)*

मुनीरा : और करता क्या है वो...?

अकील : उस चचा की दुकान में नौकरी!

तबस्सुम : और तुम क्या करते हो? फारूक की दुकान में कारीगरी!

अकील : हम फनकार तो हैं!

तबस्सुम : वो जवाँ मर्द तो है!

निगार : तो वहीं चली जा न! उसके पास।

तबस्सुम : जा भी सकती हूँ!

मुनीरा : असलम मियाँ। अब भी सँभल लो! तब्बो तो गईं काम से।

(असलम हँसता है।)

तबस्सुम : वाह-वाह क्या दास्तान तैयार हुई है! यानी अकील मियाँ करें फारूक की दुकान में काम तो वो तो हुए फनकार और वो आभास करे चचा की दुकान में नौकरी तो वो हुआ नौकर।

अख़्तर : वो तो हुआ ही। हमको तो वो अब भी कीड़े ही समझते हैं!

तबस्सुम : *(और मज़ा लेती हुई)* कीड़े नहीं केंचुए।

अख़्तर : *(कड़वे स्वर में)* उससे भी बदतर! अब्बा बोला करते थे अपने वक़्त के बारे में! ऐसा था वैसा था! अरे, आज आकर देखें ना कैसा है...

तबस्सुम : *(मुँह बनाती है)* आज तो बहुत ही बुरा होगा न?

अख़्तर : नहीं है? आज तक हमारे दिमाग़ में यहाँ से जाने की बात आई? आज आती है।

तबस्सुम : *(लगातार मज़े लेती हुई)* और क्या? आज तक तो हम एकदम ताज़ा थे।

असलम : *(अब वो भी मज़े ले रहा है)* और क्या! हमारी बाँहें खुली हुई थीं।

रफ़ीक़ : हमारे वजूद खुले हुए थे।

असलम : तेरी तो पैंट खुली हुई थी साले! *(सब हँसते हैं।)* मैंने तो तय कर लिया है। मैं तो यहाँ से जाऊँगा ही जाऊँगा। अब सोचना है कि...कहाँ...!

तबस्सुम : अभी तो आप अमरीका जाने की बात फरमा रहे थे हज़रत!

असलम : मतलब अमरीका से होता हुआ जाऊँगा।

तबस्सुम : कोई शॉर्टकट मिल गया है क्या?

असलम : वो भी ढूँढ़ लूँगा। और तुम रहना यहीं। अपने मुल्क में। अपनी टपरी में। और मेरे पास होगी कैडिलॉक!

अकील : एयर कंडीशंड!

असलम : जिसमें एक बार भी होगा।

अकील : जिसमें टेलीफ़ोन भी होगा।

असलम : जिसमें टेलीविज़न भी होगा।

अकील : जिसका दमकता रंग होगा।

असलम : और जिसमें एक बिस्तर भी होगा।

(तबस्सुम की ओर देखकर मुस्कराता है। निगार और मुनीरा थोड़ा-सा शरमाती हैं।)

असलम : तो अकील फिर तय रहा?

अकील : क्या?

अमेरिका का गाना

असलम और लड़के : *मैं जाना चाहता हूँ अमेरिका*
ख़ूब जाना चाहता हूँ अमेरिका
पी जाना चाहता हूँ अमेरिका मैं
खा जाना चाहता हूँ अमेरिका

तबस्सुम और लड़कियाँ : *क्या क्या क्या है अमेरिका रे बोलो*
क्या क्या क्या है अमेरिका
बस ख़ामख़्वाह है अमेरिका रे बोलो
बस ख़ामख़्वाह है अमेरिका

लड़के : *सोने की खान है अमेरिका*
गोरी-गोरी रान है अमेरिका
मेरा अरमान है अमेरिका रे
हाय मेरी जान है अमेरिका
मैं जाना चाहता हूँ...

लड़कियाँ : *अमेरिका में ऐसे क्या-क्या हीरे-मोती जड़े हुए*
देखो उसके फुटपाथों पर कितने भूखे पड़े हुए
जिधर उसे दिखती गुंजाइश वहीं-वहीं घुस जाता है
सबकी छाती पर मूँगों को दलना उसको आता है
अमेरिका है क्या...कद्दू
अमेरिका है क्या...बदबू
अमेरिका है क्या...टिंडा
अमरीका है...मुँछमुंडा
अब भी सँभल जाइए हज़रत मान हमारी बात
कि घुसपैठी है अमेरिका
बंद कैंची है अमेरिका
बाप को अपने ना छोड़े
ऐसा वहशी है अमेरिका

लड़के : *मैं जाना चाहता हूँ अमेरिका*
आपको क्या मालूम जगह है वो क्या मीठी-मीठी-सी
नंगी पिंडली देख के मन में जले है तेज अँगीठी-सी
बड़े-बड़े हैं फ्लाई ओवर और बड़ी-बड़ी बिल्डिंगें हों
बड़े-बड़े हीरो-हिरोइन बड़े-बड़े एक्टिंगें हों
जहाँ भी चाहो घूमो मस्ती में कोई ना रोके है
पड़े रहो तुम मौला बनकर कोई भी ना टोके है
इसीलिए चल पड़िए मेरे कहता हूँ मैं साथ
कि रॉल्सरॉइस है अमेरिका
मेरी ख़्वाइश है अमेरिका
फ़रमाइश है अमेरिका रे मेरी
गुंजाइश है अमेरिका
मैं जाना चाहता हूँ अमेरिका

तबस्सुम : *अमेरिका की बात कही तो ख़ूब मटक गए वाह वाह वाह*
ये भूले कि वहाँ गए तो ख़तम भटक गए वाह वाह वाह
क्या-क्या है उसके कूचे में जो है नहीं हमारे में
बात करे हमसे क़ुव्वत इतनी भी नहीं बेचारे में
हम बतलाएँगे उसको ज़िंदादिल कैसे होते हैं
सबकी सोचें महक-महक कर वो दिल कैसे होते हैं

इक बंदा है वहाँ पे जिसका नाम जॉर्ज बुश होता है
छोटे बच्चों पर जो फेंके बम तो वो ख़ुश होता है
ऐसे मुलुक में जा करके क्या-क्या कर पाएँगे जनाब
जहाँ पे चमड़ी के रंग से इंसाँ का होता है हिसाब
इसीलिए हम कहते हैं आली जनाब ये बात
कि हिरोशिमा है अमेरिका
नागासाकी है अमेरिका
वियतनाम के कहर के बाद अब
क्या बाक़ी है अमेरिका

लड़के : *मैं जाना चाहता हूँ अमेरिका*

असलम : *ये तो फ़रमा दिया आपने अमरीका क्या होता है*
पर रहती हैं आप जहाँ पे वहाँ पे क्या-क्या होता है
इक रहता है बंदा जिसकी ज़ात और कुछ होती है
क़ौम परस्ती देख के जिसकी तकलीफ़ें ख़ुश होती है
वो फिरता है यहाँ-वहाँ ये आस लिये कि पहचानो
मुझको भी इस वतन का हिस्सा वतन का टुकड़ा ही मानो
वरना देखो मेरे अंदर भी इक जज़्बा उट्ठेगा
रक्खा है जो हाथ जेब में निकल के ऊपर उट्ठेगा
इसीलिए वो बंदा कहता बार-बार यही बात
कि मैं जाना चाहता हूँ कहीं और...?

कोरस : *ना...*

असलम : *मैं रहना चाहता हूँ इसी ठौर...?*

कोरस : *ना...*

असलम : *मैं जानना चाहता हूँ वहाँ-वहाँ...?*

कोरस : *ना...*

असलम : *मैं रहना चाहता हूँ यहाँ-यहाँ...?*

कोरस : *ना...*

असलम : *वहाँ...?*

कोरस : *नहीं*

असलम : *तो वहाँ...?*

कोरस : *नहीं*

असलम : *तो वहाँ..?*

कोरस : *नहीं*

असलम : *तो कहाँ? (चीख़ता है! वक्फा।)*
...जब कोई ठौर मेरा ना होने की होती है बात...
तो मैं जाना चाहता हूँ अमेरिका
मैं ख़ूब जाना चाहता हूँ अमेरिका
मैं पी जाना चाहता हूँ अमेरिका
मैं खा जाना चाहता हूँ अमेरिका

सारे : *मैं जाना चाहता हूँ अमेरिका*

(गाना अपनी ऊँचाई पर पहुँचता है! अचानक...)

अख़्तर : *(तीखी आवाज़ में)* असलम! अब चला जाए.?

(एकदम सब कुछ रुकता है!)

अकील : कहाँ? अमेरिका?

अख़्तर : और भी कई ज़रूरी जगह हैं जाने के लिए? नहीं?

(असलम को देखता है!)

असलम : *(एक पल बाद)* चलो!

तबस्सुम : *(एकदम)* असलम...

असलम : बोलो!

तबस्सुम : *(थोड़ा अलग खड़ी होती है! असलम उसके पास जाता है। अब वे दोनों और लोगों से थोड़ा हटकर हैं।)* तुमने कहा था कि...*(सर झुका लेती है)* आज रात तुम मेरे साथ रहोगे! घर में आज कोई नहीं है।

असलम : कल...।

तबस्सुम : लेकिन तुमने कहा था कि...

असलम : कहा था...लेकिन...कुछ और काम भी ज़रूरी हैं ना...।

तबस्सुम : उन ज़रूरी कामों का तो मुझे अंदाज़ा है।

असलम : बेफ़िक्र रहो। आज झगड़ा नहीं होगा। आज सिर्फ़ मिलना है।

तबस्सुम : आने वाले झगड़े का दिन तय करने के लिए?

असलम : *(असलम एक पल चुप रहता है)* जब सब कुछ जानती हो तो पूछती क्यों हो...?

तबस्सुम : इस गुंजाइश के साथ, कि अब भी बहुत-कुछ रुक सकता

(असलम धीरे-धीरे उसकी तरफ़ बढ़ता है। उसे सख़्ती से अपनी बाँहों में लेता है! उसे भींचता है। उसके होंठ अपने बहुत नज़दीक लाता है! तबस्सुम की आँखें मुँदती हैं! और असलम उसे झटके से छोड़ता है!)

असलम : चलो! *(सब जाते हैं!)*

(अकेले स्पॉट में तबस्सुम खड़ी है!)

फेड आउट!

दृश्य 5

फेड-इन

(आधी रात का वक़्त। चचा की दुकान का पिछवाड़ा। कुछेक कुर्सियाँ और मेज़ें बिखरी पड़ी हैं। बबुआ बब्बल, ऐंवेई, अंटा, चींटा आदि मौजूद हैं। माहौल काफ़ी तनावग्रस्त है? चींटा खड़ा हुआ दरवाज़े से झाँक रहा है। वो एकदम भड़ाक से दरवाज़ा बंद करता है और अंदर आता है।)

चींटा : कहाँ मर गए स्साले सब? डेढ़ घंटा हो गया साँवली के अहाते से निकले हुए। आज मिलना था कि नहीं!

(एक लात पास में रखी कुर्सी पर मारता है।)

बबुआ : क्या बम चीज़ है ना बॉस, ये अमिताभ बच्चन भी! *(वो मैगज़ीन पढ़ रहा है)* स्साला क्या मारता है भाई क़सम...!

अंटा : कच्छे में घुस जा उसके!

बबुआ : अरे, ये बोले तो सही! जहाँ कहे वहाँ घुस जाऊँ!

अंटा : बेटा, जब वो लँगोट झड़कता होगा न, तो तेरे जैसे पच्चीस नीचे गिरते होंगे।

बबुआ : अरे, उसकी तो लँगोट से गिरने में भी मज़ा है गुरू!

अंटा : लंबाई देखी है उसकी? एक बार गिरा कि हड्डियों का चूरमा बन जाएगा।

ऐंवेई : एक बात तो है रे! मर्द है मर्द...!

अंटा : शादी कर ले उससे!

ऐंवेई : शादी तो मैं अपने बाप से ना करूँ! ऐसी-वैसी समझ रखा है क्या...?

अंटा : तो शादी के लिए और कैसी-कैसी होना ज़रूरी है।

ऐंवेई : छोकरी मत समझ लेना मेरे को। मेरा जो उल्टे हाथ का पड़ता है न...तो अच्छों-अच्छों की नाक में रींट आ जाता है।

अंटा : *(नकल करते हुए)* और इसका जो सीधे हाथ का पड़ता है न...तो अच्छे-अच्छों के नीचे से पाद निकल जाता है।

ऐंवेई : ओए साले अंटे की औलाद...बताऊँ तुझे...?

(उसकी तरफ़ झपटती है।)

अंटा : *(उससे बचता हुआ)* अरे-अरे-अरे...तेरे को शादी से ही दिक़्क़त है न! तो मत करियो...बात ख़त्म! *(ऐंवेई वापस बैठ जाती है।)* और वैसे भी तुझसे शादी करेगा कौन! पैदाइशी तलाकशुदा लगती है! *(ऐंवेई फिर झपटती है।)*

चींटा : *(दहाड़कर)* अबे चुप! *(ऐंवई सहमकर रुक जाती है।)* इस साले कबाड़ के ढेर को बुलाते क्यों हो...?

अंटा : बुलाता कौन है, ख़ुद आ मरती है!

(चचा का अंदर से प्रवेश)

चचा : चलो बेटा! अब बहुत बखत हो गया। चल बबुआ, अंटा घर जाओ भइया। और तू इतनी-इतनी रात घर से बाहर रहती है। तेरे घर में टोकने वाला नहीं है?

बबुआ : इसका घर नहीं है चचा। इसके अम्मा-बाप ने अलग अलग शादी कर ली। ये तो उधर लड़कियों के छात्रावास में रहती है। और चचा! हम लोग अभी नहीं जा रहे। मालूम हमारी अभी यहाँ मीटिंग है।

चचा : क्या है?

बबुआ : मीटिंग...असलम वग़ैरह से...! उनसे निपटना जो है।

चचा : निपटना है?

अंटा : अरे, नहीं-नहीं चचा। यहाँ कोई पंगा नहीं है उनसे! आज सिर्फ़ मिलना है!

चचा : क्यों?

चींटा : *(ज़हरीले स्वर में)* ज़रा ये तय कर लें कि वो खुखरी से मरना पसंद करेंगे या कट्टे से।

चचा : *(एक पल को उसे देखता है)* आजकल तुम लोगों को कोई और बात नहीं सूझ रही?

चींटा : जो बात ज़रूरी है, वही सूझ रही है!

चचा : *(एक साँस लेकर)* ख़ूब भला कर रहे हो बेटा...! अपना भी और अपने माँ-बाप का भी।

चींटा : अच्छा चचा। अब बस...।

चचा : पढ़ना-लिखना बिल्कुल छोड़ देना। इन्हीं ख़ुराफ़ातों में अपना वक़्त ज़ाया करना...

चींटा : चचा, मैंने बोला न बस...।

चचा : ख़ूब नाम रोशन करो ऐसे ही अपना और अपने ख़ानदान का...

चींटा : चचा बस...

चचा : मुझे क्या आँखें दिखा रहा है...। इस जोश से मैं भी वाक़िफ़ हूँ। मैं भी कभी तेरी उम्र का था...अपने बखत में।

चींटा : पच्चीस बार दोहरा चुके हो ये बात...। तुम मेरी उम्र के थे, मेरा बाप मेरी उम्र का था...मेरे बाप का बाप मेरी उम्र का था। चट चुका हूँ सुन-सुनकर! अरे होगे तो होगे। हम पर अहसान किया क्या? आज तो नहीं हो। मौक़ा चाहिए इन बुड्ढों को बात खोदने का।

चचा : *(फिर चुप रहता है) (फिर एक गहरी साँस भरकर)* अभी तो लगता है बेटा...मुझे अपने बच्चों की कबर खोदने का मौक़ा न मिल जाए।

(और एकदम हाँफते हुए सूजे की एंट्री)

चींटा : *(एकदम उछलकर उसकी ओर बढ़ता है!)* क्या हुआ?

(सूजा जवाब नहीं दे पाता! वो हाँफ रहा है!)

चींटा : *(ज़ोर से)* अबे क्या हुआ?

सूजा : वो...वहाँ...बाहर...? *(और सारे भागते हैं...और अचानक निशि की एंट्री) (सारे एकदम झटके से रुकते हैं!)*

अंटा : *(बगलें झाँकते हुए)* नमस्ते दीदी...

निशि : *(धीमे स्वर में)* नमस्ते! विलास है?

अंटा : *(सकपकाता हुआ)* नहीं! अभी तक तो नहीं आया...

निशि : तो...मैं...कब तक आएगा...?

अंटा : जी...पता नहीं...वो...*(कुछ बोल नहीं पाता! इतने में डीज़ल आगे बढ़कर सारे मामले को अपने हाथ में ले लेता है!)*

डीज़ल : अभी तक तो नहीं आया! आने ही वाला होगा! आप अकेली आई हैं?

निशि : *(सिर झुकाकर)* हाँ।

डीज़ल : शबदनगर से? इस वक़्त?

(निशि सिर झुकाए रहती है। कुछ नहीं बोलती।)

डीज़ल : आप...अंदर तो आइए।

निशि : नहीं...मैं...ठीक हूँ...। मैं...उसका बाहर ही इंतज़ार कर लूँगी।

डीज़ल : बाहर कब तक खड़ी रहेंगी। आइए, अंदर आइए। *(वो रास्ता देता है। बबुआ एक कुर्सी को झाड़कर उस पर रूमाल बिछा देता है। निशि सिर झुकाए धीमे क़दमों से अंदर आती है और कुर्सी पर बैठ जाती है।)*

बबुआ : दीदी, पानी पिएँगी?

निशि : नहीं...बस। *(अपना शॉल ठीक करती है।)*

चींटा : *(बड़बड़ाता है)* लो कर लो मीटिंग...

डीज़ल : *(सख़्ती से)* बस चींट...

चींटा : मैंने क्या बोला!

डीज़ल : मैंने कहा ना चींट बस!

विलास : *(विलास का प्रवेश। चचा को देखता है। उनकी तरफ़ बढ़ता है।)* चचा को राम-राम! आभास है क्या दुकान में?

चचा : नहीं विलास। ये बंद करने का टाइम है। *(फिर सन्नाटा छा जाता है। विलास को कुछ अजीब-सा लगता है।)*

विलास : क्या हुआ? सबको साँप क्यों सूँघ गया है? *(डीज़ल चुपके से उस कुर्सी की तरफ़ इशारा करता है जहाँ पर निशि है। अब वो खड़ी हो चुकी है।)*

विलास : *(उस तरफ़ बढ़ता हुआ और कोने के अँधेरे में उसको पहचानने की कोशिश करता हुआ)* कौन...? निशि...? इस वक़्त? *(वो कुछ नहीं बोलती।)*

विलास : तुम कब आईं?

निशि : *(धीरे-से)* थोड़ी देर पहले।

विलास : इस वक़्त? कहाँ से आ रही हो? घर से?

निशि : हाँ।

विलास : साथ में कौन है?

निशि : *(सिर हिलाती है)* कोई नहीं।

विलास : कोई नहीं? शबदनगर से अकेले आ रही हो? मम्मी कहाँ हैं?

निशि : घर में।

विलास : उन्हें पता है?

निशि : नहीं। पीछे से कूदकर आई हूँ। *(अब तक उनकी बातें उन तक ही सीमित हो चुकी हैं। बाक़ी लोग एक तरफ़ हैं।)*

विलास : कूदकर आई हो? इस वक़्त? और घर में पता चल गया तो?

(निशि कुछ नहीं बोलती। सिर झुकाए खड़ी रहती है।)

विलास : *(परेशान-सा होकर उसकी बाँह पकड़ता है।)* ओफ़्फ़ोह निशि! यार, कुछ बोलो तो। कोई बहुत ज़रूरी काम था क्या?

निशि : हाँ।

विलास : क्या?

निशि : तुमसे मिलना था।

विलास : ओफ़्फ़ोह यार! वो तो कल भी मिल सकते थे।

निशि : मैं आज मिलना चाह रही थी। तुम असलम से मिलो उससे पहले।

विलास : क्या बकवास है यार!

निशि : और मैं एक बात और बतला दूँ। मैं आज रात यहीं रहूँगी। घर में पता चल जाए तो चल जाए।

विलास : तुम्हारा दिमाग़ ख़राब है क्या! यहाँ अभी...*(बोलते-बोलते रुक जाता है।)*

निशि : बोलो। रुक क्यों गए? क्या यहाँ अभी...

विलास : *(परेशान होकर)* यार, तुम तो बात का बतंगड़ सा बना रही हो। *(एक पल चुप रहकर)* तुम अभी घर जाओ। मैं कल मिलूँगा तुमसे।

निशि : मुझे भी अपने परिवार में ये नहीं सिखाया गया कि आधी रात को किसी लड़के से घर के बाहर मिलूँ। *(चुप्पी)* मैं यहीं रहूँगी। जब तक तुम्हारा ये झगड़ा निपट नहीं जाता असलम से। और मैं आज असलम से भी बात करूँगी। क्या चाहता है वो? क्या चाहते हो तुम? शायद मेरे बात करने से ही तुम दोनों को शर्म आ जाए।

विलास : अरे यार, अभी यहाँ पर कोई झगड़ा नहीं होने जा रहा है।

निशि : कुछ तो होने जा रहा है। तुम लोग यहाँ कीर्तन करने के लिए तो इकट्ठे हुए नहीं!

विलास : निशि, मैं तुमसे बोल रहा हूँ कि यहाँ कोई झगड़ा नहीं होगा। आज तो बस...*(फिर रुक जाता है।)*

निशि : बोलते जाओ। आज तो बस झगड़े की तैयारी करनी है। यही न?

विलास : निशि, यार, तुमसे आख़िरी बार बोल रहा हूँ कि घर जाओ।

(निशि कुछ नहीं बोलकर अपना सिर झुका लेती है फिर सिर उठाती है तो उसकी आँखों में आँसू हैं!)

निशि : विलास...

(विलास चुप रहता है)

निशि : विलास...। *(एक पल चुप रहती है)* अब ख़त्म कर दो ये सब विलास। मुझे तुम्हें खोने का डर लगता है। और उनसे जाकर बात तो करो। वो अब भी तुम्हारे हो सकते हैं।

विलास : ख़ूब कर चुके बात। उन्हें सारी बातें एक कान से सुनकर दूसरे कान से निकालने की आदत पड़ चुकी है।

निशि : बात करने के तरीक़े होते हैं। चलो, कल मैं चलती हूँ करीमपुरा तुम्हारे साथ, असलम के घर। इतना गया-गुज़रा तो वो भी नहीं होगा कि तब भी तुम्हारी न सुने!

विलास : उनके गए-गुज़रेपन की हद को तुम नहीं जानती। वो तो यहाँ तक कर सकते हैं कि मेरे बात शुरू करने के पहले ही मुझ पर वार कर दें!

निशि : ऐसा नहीं होगा विलास! मैं तुम्हारे साथ रहूँगी।

विलास : *(तल्ख़ी से हँसकर)* तुम? तुम क्या करोगी? मेरे सीने में तलवार भोंकेंगे तो उनका हाथ पकड़ लोगी?

निशि : तुम्हारे सीने के सामने तो आ सकती हूँ। *(विलास कुछ नहीं बोल पाता।)*

डीज़ल : विलास वो किसी भी सेकंड आ सकते हैं। *(विलास मुड़कर डीज़ल को देखता है। फिर निशि को देखता है)*

विलास : मैं तुमसे कल मिलता हूँ निशि। मेरा दिमाग़ इस समय काम नहीं कर रहा। मैं कल बात करता हूँ तुमसे।

निशि : यानी अभी तुम उनसे मिलोगे?

विलास : मैंने कहा न मेरा दिमाग़ इस समय काम नहीं कर रहा है। मैं कल बात करता हूँ तुमसे...और इतना वायदा करता हूँ कि आज उनसे पंगा नहीं करूँगा।

निशि : विलास...।

विलास : अब जाओ। सूजे इसको घर तक छोड़कर आ जा। और सँभलकर, उनका रास्ता भी वही है। वो रास्ते में मिल सकते हैं।

निशि : मुझे उनसे कोई डर नहीं है। वो मुझे कुछ नहीं कहेंगे। मेरे साथ कोई मत आना।

विलास : तो चलो मैं चलता हूँ।

निशि : *(थोड़ा ज़ोर से)* मुझे कोई नहीं चाहिए। मैं चली जाऊँगी। *(विलास बेबस-सा खड़ा रह जाता है। निशि अपना शॉल*

तेज़ी से सँभालती हुई बाहर निकल जाती है। वहाँ सन्नाटा छाया रहता है।)

डीज़ल : मैं जाऊँ पीछे?

विलास : फ़ायदा नहीं है। बहुत ज़िद्दी है। *(फिर चुप्पी)* ये लोग आए नहीं अभी तक...

चींटा : *(ज़हरीले स्वर में)* कोई बात नहीं। कभी तो आएँगे।

विलास : आराम से चींट।

चींटा : तुझे क्या लगता है? कौन-सा हथियार चाहेंगे वो?

अंटा : लोहे की रॉड। नहीं?

विलास : आराम से अंटू...

अंटा : आएँ तो एक बार स्साले...।

(सूजा सीटी बजाता है)...

विलास : आराम से...

ऐंवेई : ऐ विलास, फिर मेरा पक्का है न?

विलास : किस बारे में?

ऐंवेई : इस बार मैं भी लडूँगी...?

विलास : ख़ामोश रह...और बात सुन। जैसे ही वो आएँ...चुपचाप निकल जाना यहाँ से।

ऐंवेई : नहीं...

चींटा : यहाँ बंदर का नाच नहीं होने जा रहा है...।

ऐंवेई : मैं भी उसके लिए नहीं आई।

चींटा : छोकरी है...छोकरी की तरह रहा कर...।

चचा : विलास...ये बंद करने का टाइम है।

विलास : चचा, आज थोड़ी देर हो जाएगी। तुम चाभी दे जाओ...हम बंद कर देंगे।

चचा : फिर कोई नया पंगा खड़ा करना है विलास?

सूजा : पंगा खड़ा उन्होंने किया है। हमें सिर्फ़ जवाब देना है।

चचा : कितनी आसानी से कर रहा है ऐसी बातें!

विलास : हमें अपना मामला निपटाना ही होगा चचा। ये बहुत ज़रूरी हो गया है।

चचा : गली के एक टुकड़े के लिए लड़ना ज़रूरी हो गया है?

चींटा : हमारे लिए तो हो गया है।

चचा : *(वापस दरवाज़े की तरफ़ बढ़ते हुए बोलता है।)* सिर्फ़ लफंगों के लिए हो सकता है।

(यह बात सुनते ही चींटा उनकी तरफ़ ख़ूँख़ार तरीक़े से झपटता है। विलास उसे पकड़ता है।)

चींटा : *(बिलबिलाता है।)* जो ये लोग नहीं चाहते और हम चाहते हैं तो हम लफंगे हो गए?

बबुआ : मैं तुम्हारे साथ घूमता दिख जाता हूँ तो मेरे पी.टी. सर मुझे लफंगा कहते हैं।

सूजा : जो मेरा बाप कहता है...वो मैं नहीं करता तो वो मुझे लफंगा कहता है।

चींटा : क़सम से एक हरामज़ादा और बोल जाए मुझे लफंगा...

विलास : तो क्या करेगा तू? क्या करेगा? *(चुप्पी)* तू चुप रहेगा! तू ख़ामोश रहेगा। क्योंकि ऐसी बातों का जवाब ख़ामोशी से दिया जाता है। भौंककर नहीं...। *(चुप्पी)* हमें मालूम है हम क्या कर रहे हैं। हमें मालूम है हमारे मइयो-बाप ने हमारे लिए क्या किया। हमें मालूम है दुनिया ने हमारे लिए क्या किया। *(चुप्पी)* मत बतलाओ उनको कि तुम्हें क्या ग़म खा रहा है। मत बतलाओ उनको कि तुम अंदर से कितना तिलमिला रहे हो। मत बतलाओ उनको कि तुम कितना छटपटा रहे हो। अगर बतलाया...तो मानकर चलो..! कुचल दिए जाओगे...! मसल दिए जाओगे! तरीक़ा है... एक ही है! क्या? कि ख़ामोश रहो...। अगर ज़िंदा रहना चाहते हो तो ख़ामोशी से रहो। अगर कुछ अलग करना चाहते तो हो ख़ामोशी से करो।

चींटा : मैं हिसाब बराबर करना चाहता हूँ।

विलास : ख़ामोशी से करो।

अंटा : मैं हड्डियाँ तोड़ देना चाहता हूँ।

विलास : ख़ामोशी से तोड़ो।

बबुआ : मैं झपट पड़ना चाहता हूँ।

विलास : ख़ामोशी से झपटो।

(वो गाता है।)

ख़ामोशी का गाना

जो हो आँखों में ताब और दिलों में हो ज़लज़ले तो तो तो
थोड़ा दम लीजिए लीजिए ओ हो...
और आगे आगे देखिए कि होता है क्या और निगाहों को
चौकन्ना रख करके...
खेल शुरू कीजिए कीजिए ओ हो...
जो आती हैं अंदर से ग़मग़ीं आवाज़ें उनको भींच करके
अंदर ही अंदर
ज़रा पी लीजिए लीजिए ओ हो...
बाक़ी ठोकर पे रखिए ज़माने को अपनी और भूल करके
छोटी-छोटी बातें
ज़रा जी लीजिए लीजिए हो...
जो सोचेंगे बात बात पर कि हाँ बचपन को खोया हमने
जो बोलेंगे बात बात पर कि जवानी को रोया हमने
जो माँगेंगे बार बार भीख इस बात की कि देखो देखो
जो चीख़ेंगे बार बार चीख़ इस बात की कि देखो देखो
ज़माने तेरे सारे दाग़ों को आँसुओं से धोया हमने
जो बोलता है कोई हाँ-हाँ आवारा बंदे हैं तो तो तो
बोलने भी दीजिए...दीजिए ओ हो...
बाक़ी ठोकर पे...
करते हैं वो ही जो हमको सिखाया ज़माने ने
इसने और उसने फलाने फलाने फलाने ने
जो रोपी थी चीज़ कभी अंदर हमारे उन्होंने ही
जो बोया था बीज कभी अंदर हमारे उन्होंने ही
उन्हीं का है दोष उसे पानी भिगो के उगाने में
जो परेशान हमसे ज़माना है आज उसको
थोड़ा परेशान और
होने भी दीजिए...
बाक़ी ठोकर पे रखिए...

(गाने के अंत में सूजा बावरा बाहर झाँकता है और फिर बिफरकर कहता है।)

सूजा : वो लोग आ गए!

(सारे लोग अपनी-अपनी पोज़ीशन ले लेते हैं। इसी में विलास ऐंवेई को जाने का इशारा करता है! वो आँखों से याचना करती है लेकिन विलास उसे सख़्ती से बाहर जाने का इशारा करता है। वो जाने को होता है। इतने में असलम, अख़्तर, रफ़ीक़ वग़ैरह अंदर घुसते हैं। ऐंवेई उनमें से एक को कंधे से धक्का मारते हुए भाग जाती है।)

विलास : ख़ातिर का इंतज़ाम करो चचा। यार लोग आ गए।
असलम : मतलब की बात करें?
विलास : तुमने अभी तक इस जगह की तहज़ीब नहीं सीखी?
असलम : ना मैं इस जगह को पसंद करता हूँ और ना तुम्हें!
विलास : ठीक। तुम जाओ चचा...।
चचा : बेटे, क्या तुम सब आराम से बैठकर...
विलास : *(ज़ोर से)* जाओ चचा।

(चचा जाते हैं। दोनों टोले अपने-अपने लीडर के पीछे आ जाते हैं।)

विलास : हम तुमको एक आख़िरी मुक़ाबले के लिए चैलेंज करते हैं। ये सारा टंटा एक ही बार में ख़त्म करते हैं। मंजूर?
असलम : शर्तें क्या हैं तुम्हारी?
विलास : जो तुम कहो मेरी जान! हद तुमने पार की है।
असलम : शुरुआत किसने की थी?
विलास : अंटे को आज किसने मारा?
असलम : मुझे किसने मारा था जब मैं पहली बार गली में आया था?
चींटा : तुमसे आने के लिए कहा किसने था?
अख़्तर : तुमसे किसने पूछा?
सूजा : घूमो कहीं और जहाँ भी चाहो।
रफ़ीक़ : यहाँ क्या नहीं?
अंटा : या चले जाओ वहीं जहाँ के हो।
चींटा : कीड़े।
अख़्तर : कुत्ते।

रफ़ीक़ : थू...।

असलम : *(एकदम बीच में आता है!)* बस...! हमें मंज़ूर है!

विलास : टाइम?

असलम : कल?

विलास : अँधेरा होने के बाद! *(हाथ मिलाते हैं।)* जगह?

असलम : टपरी के पीछे?

विलास : पुलिया के नीचे!

असलम : सच्चर के गोदाम में! *(दोनों हाथ मिलाते हैं।)*

विलास : हथियार?

(दरवाज़ा खुलता है और आभास चिल्लाता हुआ अंदर आता है।)

आभास : चचा...। *(उन्हें देखते ही रुक जाता है। फिर एक पल के बाद आगे आता है।)*

विलास : हथियार? *(चचा आता है।)*

असलम : हथियार? *(आभास को देखता रहता है।)*

विलास : तुम बोलो।

असलम : चैलेंज तुम्हारा है।

विलास : बोलने में डर लगता है?

असलम : हॉकी!

विलास : सींखचे!

असलम : रॉड!

विलास : बोतलें!

असलम : खंडे!

विलास : बैट!

असलम : ईंटें!

विलास : चेनें!

आभास : चाक़ू...खुखरी...कट्टे...*(सब उसे घूरते हैं।)* क्या लौंडों का जमावड़ा हुआ पड़ा है।

चींटा : क्या!

आभास : हाथ-पैरों में दम नहीं रहा क्या? भड़ुओं समान बातें क्यों कर रहे हो?

चींटा : भड़ुआ किसको बोला?

असलम : कुत्ता अपनी गली के कुत्तों को ही पहचान पाता है।

आभास : मैं तुम सबसे बात कर रहा हूँ इस वक़्त। यानी इतने लम्बे-चौड़े जिस्मों के साथ एक-दूसरे पर ईंट फेंकने की बातें चल रही हैं। और नज़दीक आने में डर लगता है? हाथ-पैरों में भूसा भर गया है? ताल ठोंककर लड़ना भूल गए हो?

बबुआ : क्या...। ईंटें तक नहीं?

चींटा : तो फिर मुक़ाबला क्या हुआ?

विलास : क्यों...! मुक़ाबला तो तब भी हो सकता है!

असलम : पेशकश तुम्हारी थी...हथियार बोलने की।

आभास : हक़ हाथ-पैरों के बूते पर लिया जाता है...चाक़ू-छुरे के भरोसे नहीं। अगर वाकई मुक़ाबला चाहिए...सही मायने में! तो दोनों टोलों के दो सबसे सख़्त दाने एक-दूसरे से भिड़ें।

असलम : *(आभास को देखते हुए)* मुझे मज़ा आएगा। ठीक है! ख़ाली हाथ।

अख़्तर : असलम...

चींटा : नहीं...

विलास : 'हाँ' या 'नहीं' मैं करता हूँ चींट। *(असलम से)* ख़ाली हाथ! *(हाथ मिलाते हैं।)*

असलम : *(आभास को देखते हुए)* सिर्फ़ दो मिनट में तू उबली हुई मछली की तरह तड़प रहा होगा!

विलास : तुम किसे लाते हो?

असलम : मैं ख़ुद।

विलास : *(डीज़ल की पीठ थपथपाता है।)* हमने इसको लाया।

असलम : इसे? लेकिन मुझे लगा था कि मैं और तुम...या ये...*(आभास की तरफ़ इशारा करता है।)*

विलास : बात सबसे सख़्त दाने की हुई है। हमने इसे चुना। मुकरो मत। हम हाथ मिला चुके हैं।

चींटा : *(जल्दी से)* फिर सोच लो असलम। ख़याल बदल दो! हम अब भी भिड़ सकते हैं आपस में...*(तभी दरवाज़े के पास खड़ा एक फनियर सीटी बजाता है। दोनों टोले एकदम से आपस में घुल-मिल जाते हैं। त्यागी अंदर घुसता है।)*

चचा : सलाम त्यागी साब। मैं और आभास बस बंद ही करने वाले थे।

त्यागी : *(आराम से अंदर आता है। थोड़ा घूमकर सबको देखता है। फिर एक सिगरेट का पैकेट उठाता है।)* ले लूँ?

चचा : हाँ-हाँ साब! क्यों नहीं!

त्यागी : ख़राब तो नहीं लगेगा?

चचा : आप मालिक हैं साब। मुझे क्यों ख़राब लगेगा!

त्यागी : *(सिगरेट सुलगाता हुआ)* आज बड़ी रात गए टहलने की सूझी असलम! *(असलम ख़ामोशी से विलास के साथ सिगरेट पी रहा है)* और तो और अपने लौंडों को भी हवाखोरी करा दी। *(फिर बोलता है...आराम से)* पाँच सेकंड हैं बेटा। सिर्फ़ पाँच सेकंड। ठीक? इन पाँच सेकंड में क़तई निकल लेना यहाँ से। ओ.के.? और जिरह मत करना कि आज़ाद मुल्क है और ये है और वो है। मुझे भी ज़बरदस्ती किसी को कहीं से भगाने का हक़ नहीं है लेकिन याद रखना। ये मेरी वर्दी है...ये मेरा बिल्ला है और ये है मेरा आई कार्ड। पच्चीस वजह ढूँढ़ लूँगा तुझे अंदर करने की। एक मिनट में खाल खिंचवा लूँगा। बोल...लगती है शर्त? *(एक सेकंड की ख़ामोशी? फिर असलम विलास को देखकर सिर हिलाता है फिर कंधे झटकता हुआ वहाँ से निकल जाता है। उसके बंदे भी उसके पीछे एक-एक करके निकल जाते हैं। त्यागी फिर आराम से बोलता है।)* समझदार हैं। सही वक़्त पर निकल गए। और ठीक बात भी है। समझदारी कोई सुहासधाम वालों के बाप की धरोहर तो है नहीं। है न? *(चुप्पी)* अब बताओ ये आख़िरी मुक़ाबला नाम की चीज़ कहाँ होने वाली है। क्योंकि बंदे तो मेरे भी फैले हुए हैं न शहर में। और फिर इस वक़्त तुमने उन्हें दावत पर तो बुलाया नहीं होगा? बुला ही नहीं सकते! ठीक? तो कहाँ! पुलिया के नीचे! स्टेडियम में? *(चुप्पी)* मैं फिर बोलता हूँ। मैं तुम्हारे ही साथ हूँ। मैं भी इस इलाके से उनकी सफ़ाई चाहता हूँ। और तुम मेरी मदद कर सकते हो इसमें। बताओ। कहाँ पंगा ले रहे हो? बगीची

में? पटरी के पीछे? *(धीरे-से उसका पारा चढ़ता है।)* तुम क्या सोच रहे हो कि तुम्हारे सामने कोई कुत्ता भौंक रहा है? कोई उठाईगीरा या लफंगा बोल रहा है? अबे, मैं उनको ठिकाने लगाने में तुम्हारी मदद करना चाहता हूँ बेवकूफो! बोलो कहाँ होने वाला है ये? समझदार बनो उल्लू के पट्ठो! मैं तुम्हें अभी आवारागर्दी के इल्ज़ाम में बंद कर सकता हूँ। कोतवाली ले जाकर तुम्हारे पीछे मिर्चें ठूँस सकता हूँ। तुम और तुम्हारे ये माँ-बाप हरामज़ादे जिन्होंने तुम्हें पैदा करके छोड़ दिया। कैसा है तेरा स्मैकी बाप अंटे? मरा नहीं अब तक? और तेरी अम्मा आजकल किसके तले डली है चींटे? *(चींटा उस पर ख़ूँख़ार तरीक़े से झपटने के लिए तैयार होता है? उसको विलास पकड़ लेता है! त्यागी एक क़दम पीछे हटकर उसके लिए तैयार होता है। फिर आराम से बोलता है)* आने दे उसको बेटा...आने दे। *(चींटा फिर क़दम बढ़ाता है लेकिन इस बार डीज़ल उसको सख़्ती से पकड़ लेता है।)* आने वाले दिनों में तुझको पकड़ने वाला कोई नहीं होगा चींटे। *(विलास कान खुजाता हुआ दरवाज़े की तरफ़ जाता है। उसके बंदे भी उसके पीछे जाते हैं। सिवा आभास के।)* मैं पता तो लगा ही लूँगा कि कहाँ होने वाला है ये। लेकिन ये तय कर लेना कि इस मुक़ाबले में सब एक-दूसरे को जड़ से ख़त्म कर देना। क्योंकि अगर नहीं कर पाए तो मैं कर दूँगा। *(विलास दरवाज़े पर तब तक खड़ा रहता है जब तक सब निकल नहीं जाते। फिर सीटी बजाता हुआ वो भी निकल जाता है। चुप्पी।)*

त्यागी : *(चचा को देखता है)* और तू साले, इन लफंगों को आसरा देना और फिर देखना मैं तेरा क्या करता हूँ। *(निकल जाता है।)*

चचा : क्या जुबान दी है अल्लाह ने! मीठा बोल ही नहीं सकता।

आभास : छोड़ो चचा। और चिंता मत करो। अब से सब कुछ मेरे कहे से चलेगा। *(वो सामान उठाने, लाइट वग़ैरह बंद करने लगता है।)*

चचा : तुझको लगता है आभास कि ये मुक़ाबला हाथ-पैरों से ही होगा?

आभास : लगता? *(चुप्पी)* मुझे यक़ीन है। *(हँस पड़ता है।)*

चचा : और अगर बात बिगड़ गई तो?

आभास : *(जैसे कोई उन्मादी बोल रहा हो)* नहीं बिगड़ेगी चचा। नहीं बिगड़ेगी। क्योंकि मुझे यक़ीन है। और मेरे यक़ीन पर किसी और को यक़ीन है। और उसका यक़ीन झूठा नहीं हो सकता चचा। ये मुक़ाबला हाथ-पैरों से ही होगा। बिल्कुल चिंता मत करो।

चचा : *(एक गहरी साँस छोड़ते हुए)* आभास...चीज़ें अब बहुत ज़्यादा गंदी नहीं हो चलीं?

आभास : गंदी? अरे चाचा, दुनिया में जब तक इश्क़ मौजूद है तब तक चीज़ें गंदी हो ही नहीं सकतीं।

चचा : *(हँसकर)* तुझे कैसे मालूम?

आभास : क्योंकि मैं इश्क़ में हूँ चाचा। मैं इश्क़ में हूँ। और इसलिए मुझमें यक़ीन है। मेरी निगाहें साफ़ हैं और मैं इश्क़ को छोड़ कुछ नहीं सोच पा रहा!

चचा : और तुझे डर नहीं लग रहा?

आभास : *(ठहाका लगाकर हँसता है।)* डर? लगना चाहिए क्या? *(दरवाज़ा खोलता है और बाहर निकल जाता है।)*

चचा : मुझे लग रहा है बेटा...तेरे लिए...तुम सबके लिए...अपने बच्चों के लिए...।

(वो आख़िरी बत्ती बुझाता है।)

फेड-आउट

दृश्य 6

फेड-इन

(अगला दिन। शाम! तबस्सुम की दुकान। बाहर थोड़ी-बहुत धूप बाक़ी है। शाम का झुटपुटा बढ़ने लगा है। आसपास सामान बिखरा पड़ा है। दीवारों पर कुछ कसीदे लटके हुए हैं। उनमें से कुछ कसीदों पर दूल्हे और दुल्हन भी कढ़े हुए हैं। तराना बैठी हुई एक कसीदे पर काम कर रही है। तबस्सुम काम करते-करते अपना सामान समेटते हुए खड़ी होती है।)

तबस्सुम : *(उबासी भरते हुए)* हो गया। एकदम फर्स्ट-क्लास! बस एक टाँका लगाना है। कल लगा देंगे।

तराना : मेरे वाले में तो अभी थोड़ी देर है।

तबस्सुम : *(अपनी चीज़ें समेटती हुई उसकी बात पर ग़ौर भी नहीं करती है।)* चलो, ये दिन भी पूरा हुआ। अब निकलूँगी। ठाठ से! तुमको तुम्हारे घर छोड़ते हुए कुछ ख़रीद-फ़रोख्त करूँगी। फिर वापस आऊँगी।

तराना : बस अभी चलती हूँ। वरना तबस्सुम! तुम निकलो! मैं इसको पूरा करके सीधे घर चली जाऊँगी।

तबस्सुम : ये फ़ारूक की आपा का है न? कल कर लेना! इसको तो चार दिन बाद देना है।

तराना : अभी कर देती हूँ न। वक़्त ही कितना लगेगा। तुम चलो।

(पिछले दरवाज़े पर दस्तक होती है। फिर धीमे-धीमे आभास नमूदार होता है। आभास पहले तबस्सुम को

देखकर ठिठक जाता है। फिर सँभलकर हँसने की कोशिश करता है।)

आभास : नमस...अ आ...आदाब अर्ज...!

(तबस्सुम एक पल को उसे देखती है। फिर मुड़कर तराना को देखती है।)

तबस्सुम : *(व्यंग्य से)* तबस्सुम तुम निकलो...मैं ये पूरा करके अभी निकलती हूँ! *(आभास से)* और ये आदाब अर्ज नहीं होता। आदाब अर्ज़...ज के नीचे नुक्ता!''

आभास : माफ़ कीजिएगा। आदाब अर्ज़! अब ठीक है?

तराना : *(हड़बड़ाई-सी)* अ...ये...तबस्सुम...मुझे सिर्फ़ गोली देने आया था। दर्द की...

तबस्सुम : *(सिर हिलाते हुए)* तुम्हें ज़रूरत पड़ेगी। मुझे लग रहा है।

आभास : नहीं पड़ेगी। वो अभी इस दुनिया में नहीं है।

तबस्सुम : वो अभी अपने होश में नहीं है।

आभास : लेकिन वो अकेली नहीं। मैं भी।

तराना : *(झिझकते हुए उसके पास आती है।)* तबस्सुम सब कुछ समझती है...*(तबस्सुम से)* तुम किसी से बोलोगी तो नहीं!

तबस्सुम : बोलना क्या है। और ऐसे लोगों के बारे में क्या बोलना है जो अपने होश में ही नहीं हैं। *(दरवाज़ा खोलती है। तराना से)* बेहतर होगा कि पंद्रह मिनट के अंदर-अंदर तुम घर चली आओ। मैं तुम्हारा इंतज़ार कर रही हूँ। *(चली जाती है।)*

आभास : *(उसके नज़दीक आते हुए)* चिंता मत करो। वो हमको पसंद करती है।

तराना : तभी तो वो ज़्यादा परेशान है।

आभास : क्यों है? नहीं होना चाहिए। हमें देखो...हम तो परेशान नहीं हैं...

तराना : नहीं हैं?

आभास : नहीं हैं। *(एक पल बाद)* क्योंकि हम तो अपने होश में ही नहीं हैं। *(दोनों हँसते हैं।)*

आभास : और मालूम? हम परेशान हो भी नहीं सकते। पूछो क्यों?

तराना : क्यों?

आभास : क्योंकि हमें जादू आता है। हम दोनों को जादू आता है।

तराना : सच?

आभास : तुम्हें नहीं लगता?

तराना : लगता है। लेकिन जादू काला भी होता है...और शैतानी भी।

आभास : होता होगा...लेकिन हमारा जादू काला नहीं है...शैतानी भी नहीं। तुम्हें नहीं लगता?

तराना : *(धीरे-से)* लगता है।

आभास : लगता है या भरोसा है?

तराना : भरोसा है...! तुम आज रात उस मुक़ाबले में जा रहे हो?

आभास : नहीं।

तराना : जाओ!

आभास : क्यों!

तराना : जाओ और उसे रोक दो!

आभास : चिंता मत करो! आज वहाँ हथियार नहीं निकलेंगे। मुक़ाबला नहीं होगा। सिर्फ़ हाथ-पैरों से आज़माइश होगी।

तराना : कैसी भी ज़ोर-आज़माइश हमारे लिए सही नहीं है।

आभास : सही और ग़लत की बात अभी मत करो। हम एक-दूसरे के लिए सही हैं। हम पूरी दुनिया के लिए सही हैं। तो पूरी दुनिया भी हमारे लिए सही होगी।

तराना : मेरी बात सुनो...ध्यान से! तुम वहाँ जाओ और जाकर उसे रोक दो।

आभास : *(एक पल उसकी तरफ़ देखकर)* मैं रोक दूँगा।

तराना : तुम रोक दोगे?

आभास : हाँ, मैं रोक दूँगा।

तराना : इतनी आसानी से कह दिया रोक दोगे?

आभास : तुम वहाँ कैसा भी झगड़ा नहीं चाहतीं। वहाँ कैसा भी झगड़ा नहीं होगा। मैं वादा करता हूँ।

तराना : मैं भरोसा करती हूँ। मुझे मालूम है तुम्हारे पास वाकई जादू है।

आभास : मेरे पास तुम हो। तुम घर जाओ और मेरा इंतज़ार करो। मैं रात को तुम्हारे पास आऊँगा।

तराना : तुम नहीं आ सकते। मेरी अम्मी...

आभास : तो...तुम मेरे घर आ जाना...*(हँसता है।)*

तराना : *(हँसती है।)* वहाँ तुम्हारी अम्मी...

आभास : उफ़ ये अम्मियाँ...! होती क्यों हैं...? *(दोनों हँसते हैं।)*

तराना : क्योंकि...हमें होना होता है...! अगर ये नहीं हों...तो हम भी नहीं होंगे। *(दोनों हँसते हैं।)*

आभास : अच्छा...एक बात बताओ! *(एक कसीदे को छूता है)* अगर मैं तुम्हारी अम्मी से मिला...तो वो क्या कहेंगी?

तराना : क्या कहेंगी? पूछ लो...! *(कसीदे की तरफ़ इशारा करती है। आभास कसीदे के पास जाता है। तराना कसीदे के पीछे खड़ी हो जाती है।)*

आभास : अम्मी, मैं आभास...!

तराना : *(भारी आवाज़ में)* मुझे मालूम है। आगे बोलो।

आभास : जी...मैं वो तराना...

तराना : *(उसी आवाज़ में)* क्या मैं वो तराना...!

आभास : जी...वो मैं उससे...

तराना : क्या वो मैं उससे...?

आभास : जी वो मेरी...

तराना : क्या वो मेरी? साफ़ नहीं बोल सकते?

आभास : जी मैं आपसे...उसका हाथ माँगने आया हूँ।

तराना : तो क्या वो बिना हाथ के रहेगी?

आभास : *(जल्दी से)* नहीं-नहीं, आप समझीं नहीं। मैं आपसे तराना को माँगने आया हूँ। पूरी की पूरी! हाथ समेत।

तराना : क्या करोगे उसका?

आभास : जी, मैं उसे अपने पास रखूँगा...अपनी दुल्हन बनाकर।

तराना : पाँच मिनट इंतज़ार करो। मुझे इसके अब्बा से पूछना पड़ेगा। *(फिर नॉर्मल बनकर बोलती है)* फिर वो अब्बा के पास जाएँगी। तुम्हारे चाल-चलन के बारे में दरियाफ़्त

कराएँगी। नौकरी-वौकरी पक्की है? शराब-सिगरेट तो नहीं पीता। अब्बा मंजूरी दे देंगे। फिर भी वो ना-नुकुर करेंगी। फिर मान जाएँगी। बात ख़तम।

आभास : और फिर?

तराना : फिर हम तुम्हारी अम्मी के पास चलेंगे। वो कैसी हैं देखने में?

आभास : दुबली-पतली हैं। तुम्हारे जैसी।

तराना : वो मान जाएँगी?

आभास : उनको तो मैं मना लूँगा। फिर उनको मैं भेज दूँगा बाबा के पास।

तराना : कौन बाबा?

आभास : मेरे अब्बा। वो पहले बहुत बिगड़ेंगे। बोलेंगे नालायक। शर्म नहीं आई? हमें बताया तक नहीं?

तराना : फिर तुम क्या बोलोगे?

आभास : "अब बता रहा हूँ।"

तराना : फिर क्या होगा?

आभास : फिर मेरी अम्मी रोएँगी। बोलेंगी "बच्चा है..! माफ़ कर दो। शादी कर तो ली। देखो न...कितनी ख़ूबसूरत है। और बस! बात ख़तम!"

तराना : मतलब?

आभास : मतलब...हम साथ रहने लगेंगे...! दोनों...! कबूतरों के जैसे...हमेशा के लिए।

(दोनों एक-दूसरे की तरफ़ देखते रहते हैं। फिर स्पॉट लाइट धीरे-धीरे उन पर ही रह जाती है? दोनों मूर्तियों के समान ऊपर नज़रें उठाते हैं।)

आभास : तुमने देख लिया विलास...कितना सहज है सब कुछ?

तराना : आपने देख लिया भाईजान...! कितना आसान है सब कुछ?

(और सीन बदल रहा है! लाइट्स बदल रही हैं। पीछे अँधेरे में डूबा शहर रोशन हो रहा है! सारे पात्र एंट्री ले

चुके हैं! तराना, आभास, तबस्सुम, निशि, खंजर, फनियर! सब अपनी-अपनी जगह पर! और गाना शुरू होता है!)

रात के इंतज़ार का गाना

कोरस : *रात ये आती है*
साथ ये लाती है
रात ये आती है साथ ये लाती है
ग़ुब्बारा ख़ून का, फ़व्वारा ख़ून का
नक़्क़ारा ख़ून का, टंकारा ख़ून का

फनियर : *फनियर कहेंगे कि ख़ून आज रात को*
उनको मिलेगा सुकून आज रात को
नाचेगा सर पे जुनून आज रात को
चाक़ू को लेंगे वो चूम आज रात को
आए तो नज़दीक थोड़ी ये रात ज़रा...

निशि : *देखो यूँ फूलों की*
बिखरी है सेज भी
इसको जो छू लोगे
हो जाऊँगी मैं मगन
लेकिन हाँ आना तुम
ये ही मैं कहती सनम
ऐसा ना हो कहीं
बढ़ जाए ये थकन
साथी रे, ओ हो हो साथी रे, ओ हो हो साथी रे...

कोरस : *रात ये आती है*
साथ ये लाती है
पिचकारा ख़ून का, फुंकारा ख़ून का
नज़्ज़ारा ख़ून का, दरकारा ख़ून का

खंजर : *खंजर रहेंगे बेताब आज रात को*
बाँचेंगे पूरा हिसाब आज रात को
देंगे वो पूरा जवाब आज रात को

कर देंगे खाना ख़राब आज रात को
आए तो नज़दीक थोड़ी ये रात ज़रा...

तबस्सुम : *ओ मेरे साथी रे*
रात ये गाती रे
उमंगों के साये में बैठी है
शम्मा इसे आज़माती रे
वो कहती है यही
वो कहती जाती है
हाथों में लौ ले के लौटोगे
तो ही जलेगी हाँ बाती ये
ओ मेरे साथी रे...रात ये गाती रे...

फनियर : *देंगे उमेंठ उनकी आँत आज रात को*
भुट्टे-सी काटेंगे लात आज रात को
होगी कटारों की बात आज रात को
लाशों की होगी बरात आज रात को

खंजर : *होगी सलाखों की चीख़ आज रात को*
माँगेंगे साले वो भीख आज रात को
थूकेंगे ख़ूनी वो पीक आज रात को
लेंगे वो साले ये सीख आज रात को

तराना : *आज रात को ये हवाएँ क्यों रसीली जानम*
आज रात को ये फ़िज़ाएँ क्यों नशीली जानम
आज रात क्यों मेरी साँसें सीली-सीली जानम
आज रात क्यों ये निगाहें नीली-नीली जानम

आभास : *आज रात को ये समंदर की बातें सुनो*
आज रात को मेरे अंदर की बातें सुनो
आज रात को इक पपीहे से मैं हूँ मिला
बोला वो हँस करके देखो इसे क्या हुआ
आज रात को ये तराना क्यों सुरीला जानम
आज रात को ये दीवाना क्यों हठीला जानम

(ड्रम चलता रहता है! गाना थोड़ा धीमा होता है! एक्टर्स पर लाइट थोड़ी-सी कम होती है! और बीच में त्यागी और खोपकर नमूदार होते हैं!)

त्यागी : *(गूँजती आवाज़ में)* ये रात आने वाली है खोपकर! ये रात आने वाली है। और मुझे बख़ूबी मालूम है कि कहाँ आने वाली है! मगर मैं इसे आने से रोकूँगा नहीं खोपकर! मैं इसे हरगिज़ नहीं रोकूँगा! क्योंकि ऐसी रातों का आना हमारे लिए बहुत ज़रूरी होता है! बहुत सारी चीज़ें अपने आप आसान हो जाती हैं। अपने आप!

(उन पर लाइट जाती है। ड्रम और गाना एकदम ऊँचा होता है!)

कोरस : रात ये आती है
साथ ये लाती है
ग़ुब्बारा ख़ून का, फ़व्वारा ख़ून का
नक़्क़ारा ख़ून का, टंकारा ख़ून का
पिचकारा ख़ून का, फुंकारा ख़ून का
नज़्ज़ारा ख़ून का, दरकारा ख़ून का
ग़ुब्बारा ख़ून का....फ़व्वारा ख़ून का...

पर्दा गिर रहा है!
मध्यांतर

दृश्य 7

फेड-इन

(9 बजे रात। सच्चर का गोदाम। छत से लटका एक लट्टू चमक रहा है! दोनों टोले एक-दूसरे के सामने खड़े हैं। असलम और डीज़ल अपने-अपने टोले के आगे एक-दूसरे के सामने खड़े हैं। वो दोनों अपनी-अपनी जैकेट उतारकर क्रमशः अख़्तर और विलास को पकड़ा देते हैं।)

विलास : तैयार?

असलम : तैयार!

अख़्तर : तैयार?

डीज़ल : तैयार!

विलास : ठीक! एक-दूसरे से हाथ मिलाओ।

असलम : किसलिए?

विलास : क़ायदा ये ही है मेरी जान!

असलम : क़ायदा? *(कड़वी हँसी हँसता है।)* मैं उन क़ायदों का मुरीद नहीं हूँ जिनको तुम मानते हो इस मुल्क में। तुममें से एक-एक बंदा हमसे नफ़रत करता है...इस बात से हम नावाक़िफ़ नहीं हैं। और हमारे पास उसका जवाब है, नफ़रत की ही शक्ल में। इसीलिए क़ायदों की दुहाई छोड़ो...और शुरू करो। थोड़ी देर बाद हममें से एक बंदे को दूसरे के टूटे हुए हाथ के साथ हाथ मिलाना है।

विलास : ठीक! तो शुरू करें?

असलम : मैं तैयार हूँ। *(दोनों एक–दूसरे की तरफ़ बढ़ते हैं। दोनों तरफ़ से जोशीली आवाज़ें आती हैं। दोनों के हाथ आपस में छूने को ही हैं कि इतने में आभास अंदर घुसता है।)*

आभास : ठहरो।

विलास : इधर आ जा आभास!

आभास : नहीं!

विलास : क्या कर रहा है तू?

असलम : *(ज़हरीली आवाज़ में)* शायद इसने अपनी लड़ाई अपने हाथों से लड़ने की ताक़त ढूँढ़ ली है।

आभास : अगर लड़ाई हो ही जाए तो ताक़त मिलने में देर नहीं लगती। लेकिन हम तो अभी लड़े ही नहीं हैं दोस्त! *(कहते–कहते आभास असलम के कंधे पर हाथ रखता है! असलम उसके हाथ को झटककर उसे एक ज़ोर का मारता है। वो दूर जाकर गिरता है।)*

असलम : मेरा नाम असलम है। नाम से पुकारो...और दूर रहकर।

विलास : *(सधी हुई आवाज़ में)* बात तुम्हारे और डीज़ल के बीच में तय हुई है। *(आभास अब तक खड़ा हो चुका है।)* तू इधर आ आभास! *(आभास फिर से असलम की ओर बढ़ता है! असलम उसे फिर धक्का मारता है।)*

असलम : मैं तुझे लड़ना सिखाता हूँ लौंडे। हाथी जैसे जिस्म को रखने में और अच्छा लड़ाका होने में क्या फ़र्क़ होता है...ये मैं तुझे बतलाता हूँ।

डीज़ल : तुमसे लड़ने को कोई तैयार खड़ा है।

असलम : मैं पहले थोड़ा गरम तो हो लूँ! डर लगता है लौंडे? हाथों में ज़ंग लग गया है भड़ुवे? बाँहें काम नहीं कर रहीं हिजड़े?

विलास : ख़त्म करो ये...सुनो...!

आभास : मैं लड़ना नहीं चाहता असलम...।

असलम : मुझे मालूम है। तू दूसरों की औरतों पर हाथ डालना चाहता है। तू दूसरों की इज़्ज़त पर डाका डालना चाहता है।

आभास : तुम ग़लत समझ रहे हो असलम!

असलम : तो सही समझा दे छक्के! *(धक्का देता है।)*

आभास : तुम नहीं समझ पाओगे।

असलम : क्या समझाएगा ज़नखे! *(उसे फिर धक्का देता है।)*

चींटा : इसको काट डाल आभास।

असलम : ये काटेगा? ये? *(फिर धक्का मारता है।)*

डीज़ल : आभास..!

अंटा : चीर दे आभास।

आभास : असलम नहीं!

असलम : क्यों नहीं? बढ़ आगे! दबोच मुझे!

विलास : आभास क्या कर रहा है?

असलम : सुन उसकी आवाज़। बहरा हो गया क्या?

विलास : आभास...

चींटा : ख़ून कर दे इसका!

सूजा : ख़तम कर दे इसको!

आभास : चुप करो...

असलम : आता क्यों नहीं है स्साले फनकटे फनियर...*(और असलम के धक्के धीरे-धीरे हिंसक होते चले जाते हैं! एकदम माहौल ख़तरनाक हो गया है!)*

असलम : काट मुझे! काट मुझे! काट मुझे! *('असलम काट दे' की आवाज़ें लग रही हैं! 'आभास चीर दे' की आवाज़ें लग रही हैं! असलम आभास को धक्के पर धक्का दिए जा रहा है। और मामला भड़क चुका है! "देखो मेरी बात सुनो! असलम...सारे लोग! मेरी बात सुनो!" और अचानक उसके चेहरे पर असलम का हाथ आ के पड़ता है! वो एकदम झपट के असलम के दोनों हाथ जकड़ लेता है। "असलम मेरी बात सुनो...!" और असलम उसे धक्का देता है! वो नीचे जाकर गिरता है! मगर इस बार असलम भी पीछे जाकर गिरता है! पास ही खड़े विलास ने एकदम चाक़ू निकाला है और चिल्लाया है? "तू पीछे हट आभास!" और एकदम गिरे हुए असलम को भी अख़्तर ने खुला हुआ चाक़ू पकड़ाया है! वो पगलाया सा उन्मादी हालत में चाक़ू लेकर आभास की तरफ़ झपटता है? तब तक आभास खड़ा होकर विलास के दोनों हाथ पीछे से जकड़ चुका है। "नहीं विलास!" "तू छोड़ मुझे।" विलास*

बिलबिला रहा है तभी पीछे से असलम आभास की पीठ में चाक़ू मारता है! विलास ज़ोर लगाकर एकदम पलटा है और चाक़ू पूरा-का-पूरा विलास के पेट में उतर जाता है जिसके दोनों हाथ अभी तक पीछे से आभास ने जकड़ रखे हैं! एकदम सब कुछ रुकता है! आभास विलास को झिंझोड़ता है जो तब तक उसकी बाँहों में झूल चुका है। 'विलास! विलास!' असलम पागलों-सा अपने हाथ में पकड़े चाक़ू को देखता है! आभास विलास के शरीर को पकड़कर बिलखता है! ''विलास''! एकदम सर उठाता है! उसकी आँखों में ख़ून उतर आया है। वो झटके से विलास के हाथ से चाक़ू छीनकर झपटता है और पगलाया-सा पूरा चाक़ू असलम के पेट में उतार देता है! असलम नीचे गिरता है! सारे हवन्नक से खड़े हैं। हत्या देखने का शायद सभी का ये पहला मौक़ा है! आभास कभी अपने हाथ में पकड़े चाक़ू को देख रहा है पागलों-सा...तो कभी असलम की लाश को तो कभी विलास की लाश को! और एकदम से दूर कहीं पुलिस का सायरन सुनाई देता है! एकदम भगदड़ मचती है। सारे वहाँ से भागते हैं दोनों की लाशों से टकराते हुए! आपस में टकराते हुए! अब अकेला आभास खड़ा हुआ है! वो एकदम अपने घुटनों पे गिरता है! चाक़ू फेंक के कनपटी पे दोनों हाथ दबाता है! फिर ज़ोरों से चीख़ता है! ''तरानाऽऽऽ...!'' और उसकी चीख़ें रात के सन्नाटे में गूँजकर रह जाती हैं! दूर कहीं रात का घड़ियाल बजा है!)

धीमा फेड-आउट

दृश्य 8

फेड-इन

(तराना बालकनी में आभास का इंतज़ार कर रही है! ऊपर पूरा चाँद है! पीछे अँधेरे में डूबा हुआ शहर है! डाउन स्टेज पर धीमे-से एक अलाव जलता है! नीचे कहीं बंजारों ने एक सूफ़ियाना कलाम शुरू किया है।)

इश्क़ का गाना!

शायद ख़ुदा ने ख़ुदी को छुआ था
शायद ख़ुदा को कहीं कुछ हुआ था
शायद उसे याद कुछ आया होगा
शायद वो ख़ुद ही में मुस्काया होगा
शायद बुलाकर के उसने सबा को
धीरे-से हाँ कुछ सुनाया है
कि ओ सबा तुम रुको एक पल मेरे
होंठों पे इक नग़मा आया है...!
नेकी की ख़ुशबू से सींचा हुआ है
जज़्बों के रंग से नहाया है
फूलों की नाज़ुक छुअन से भरा है
ईमान हाँ इसका साया है...!
कह करके उसने हाँ सोचा तो होगा
बाक़ी के सारे जहाँ का क्या होगा
फिर उसने सारे जहाँ को उनींदी-सी
नींदों से ख़ुद ही जगाया है

ईजाद का अपना ब्योरा वो सारा
इतरा-इतरा के बताया है...!
बोला वो होगा ये ही है वो नग़मा
कुदरत भी जिसमें समाया हैं
देता हूँ इसको अभी नाम 'इश्क़' मैं
इसको तो मैंने बनाया है!
तब से ही बैठी है हर इक 'तराना'
चौखट का अपने बनाए सिरहाना
हाँ उस ख़ुदा का ही फ़रमान लेकर
हाँ उस ख़ुदा का ही अरमान लेकर
पलकों से उसने बुहारी हैं राहें
धड़कन से उनको सजाया है
आँसू की बूँदों का छिड़काव करके
साँसों से उनको सुखाया है...!
देखो गुज़रती हवा मुझसे बोले
जाता हुआ कारवाँ मुझसे बोले
पहुँचा हुआ क़ाफ़िला मुझसे बोले
तुमसे लिया हौसला मुझसे बोले
अठखेली करती वो बगुलों की जोड़ी
पंखों को अपने हिला मुझसे बोले
गाता हुआ एक बंजारा आकर
अपनी कहानी को गा मुझसे बोले
तुम आओगे वो कहानी मैं दूँगी
नेकी की अपनी निशानी मैं दूँगी
जो माँग लोगे हाँ हामी मैं दूँगी
दीये की लौ से सलामी मैं दूँगी।

(बंजारों वाले कोरस से लाइट धीमे-धीमे जा रही है। पीछे शहर रोशन हो रहा है! तराना चुपचाप ख़ामोशी को घूरती हुई बालकनी में खड़ी है! और अचानक दरवाज़े पर बुरी तरह से खटखटाहट होती है! अकील की बदहवास आवाज़ सुनाई पड़ती है!)

आवाज़ : तराना...!

(तराना चौंकती है! दरवाज़ा खोलती है और सामने अकील खड़ा है! शक्ल पर खरोंच के निशान हैं! कमीज़ फटी हुई है! ख़ून निकल रहा है! वो बदहवास-सा अंदर घुसता है! तराना पीछे-पीछे।)

अकील : *(बदहवास)* अब्बा-अम्मी कहाँ हैं?

तराना : ख़ालाजान के यहाँ गए हैं! देर से आएँगे। *(पास आती है!)* मगर तुम...*(रुकती है!)* ये क्या? क्या हुआ? *(उसके चेहरे को घूरती है!)* तुम लड़ के आए हो अकील...!

अकील : नहीं...वो मैं...!

तराना : क्या वो मैं...! शर्म नहीं आई? तुम तो लड़ना सख़्त नापसंद करते हो न?

अकील : हाँ। *(सिर झुका लेता है!)*

तराना : तो फिर?

अकील : मुझे कुछ नहीं मालूम! *(सिर उठाता है। आँखें भरी हुई हैं!)* सब कुछ इतनी तेज़ी से हुआ...कि...

तराना : जाओ, जाकर पहले मुँह-हाथ धोओ!

अकील : तराना...

तराना : जाओ भी...!

अकील : तराना मेरी बात तो सुनो! *(हाँफता है)* वहाँ...आज के मुक़ाबले में...

तराना : वहाँ आज कोई मुक़ाबला नहीं हुआ!

अकील : हुआ तराना!

तराना : तुम्हें ग़लतफ़हमी हुई है!

अकील : नहीं तराना! मुक़ाबला हुआ! हालाँकि किसी ने भी नहीं चाहा था कि हो...लेकिन...

तराना : *(एकदम से)* क्या हुआ वहाँ? बताओ मुझे!

अकील : मैं...बता नहीं पाऊँगा।

तराना : *(ज़ोर से)* बताओ मुझे!

अकील : *(उसके पास आकर उसकी बाँह पकड़ते हुए)* तराना...

तराना : *(आँखें मूँदकर जल्दी-जल्दी बुदबुदाती है।)* जो कुछ हुआ, जल्दी-जल्दी बोल दो! जल्दी करो अकील... जल्दी...

अकील : वहाँ मुक़ाबला हुआ...*(वो आँखें मूँदे सिर हिलाती है)* और असलम भाई...*(वो फिर सिर हिलाती है)*...वो नामालूम कैसे वो चाक़ू...*(वो आँखें भींच लेती है।)* और वो दोनों के दोनों...

तराना : दोनों कौन? *(एकदम आँखें खोलती है।)*

अकील : असलम भाई और...

तराना : *(पागलों-सी उसे झँझोड़ती है।)* आभास...! आभास को कुछ हुआ क्या? *(आभास नाम से अकील रुक जाता है। वो अपने आपको छुड़ा लेता है!)* बताओ मुझे! *(अकील एक क़दम पीछे हटता है।)* अकील! आभास को कुछ हुआ क्या?

अकील : *(एक पल उसको ख़ूनी आँखों से देखता रहता है फिर उसके पास आता है। फिर सधी हुई आवाज़ में चबा-चबा कर बोलता है।)* आभास ने...तुम्हारे भाई को मार डाला। *(चीख़ता है और मुड़ता है और झटके से कोने की दराज़ खोलता है!)*

तराना : *(पागलों समान)* तुम झूठ बोल रहे हो! *(अकील हाथ बढ़ाता है। उसमें से कपड़े में लिपटी हुई एक चीज़ उठाता है। इधर तराना की आवाज़ और भी ऊँची और हिंसक हो उठती है।)*

तराना : तुम झूठ बोल रहे हो अकील! *(बहुत ठंडेपन से अकील अपने हाथ में पकड़ी चीज़ पर से कपड़ा हटाता है। उसमें रखी पिस्तौल को अपनी जेब में डालता है। दूर से पुलिस सायरन की आवाज़ आती है! अकील उसे हिकारत से घूरता हुआ तेज़ी से बाहर निकल जाता है! इस बीच तराना घुटनों के बल बैठ चुकी है और दोनों हाथों को सीने से जकड़े बुदबुदा रही है।)*

तराना : इसे सच मत होने देना मेरे ख़ुदा। इसे सच मत होने देना। मेरा यक़ीन उठ जाएगा! दुनिया से, दुनिया के तौर-तरीक़ों

से, तुझसे! इसे सच मत होने देना। *(जैसे-जैसे वो इबादत करती है वैसे-वैसे आभास बालकनी की रेलिंग पकड़े-पकड़े नमूदार होता है। फिर अंदर कूदता है। उसकी हालत बुरी है। कमीज़ फटी हुई है। वो लँगड़ा रहा है। वो एक पल को खड़ा रहता है। उसको देखता हुआ। तराना को अहसास होता है कि उसके साथ कोई और भी है! धीरे-से उसका सिर मुड़ता है। फिर वो उसे काफ़ी देर तक देखती रहती है जैसे पहचानने की कोशिश कर रही हो! फिर एकदम झटके के साथ वो उसकी तरफ़ झपटती है, उसकी छाती में घूँसे मारती है)* ख़ूनी...ख़ूनी...ख़ूनी... ख़ूनी...*(फिर उसकी आवाज़ टूट जाती है! उसकी सिसकियाँ टूट जाती हैं। आभास की बाँहें उसे दोनों तरफ़ से जकड़ लेती हैं और वो अपना चेहरा उसके सीने में दबाकर फूट पड़ती है? वो उसके जिस्म के नीचे की ओर फिसलती है। वो उसे सँभालता है और उसके साथ ही ख़ुद भी नीचे बैठ जाता है? उसके जिस्म को अपनी बाँहों में समेटे हुए। वो उसके बाल उसके चेहरे पर से हटाता है फिर उसकी पेशानी चूमता है, उसके बाल चूमता है, उसका चेहरा चूमता है।)*

आभास : *(आँखें तरबतर हैं)* मैं सच बोलता हूँ...मैंने...पूरी कोशिश...की...लेकिन वो...*(फफकता है...सँभलता है...)* वो...वहाँ रात थी...अँधेरा! नहीं। थोड़ी-सी रोशनी... मलगज़ी सी...थोड़ा उजाला...मैं...वो...हम सब ही एक साथ...मतलब...होना कुछ भी नहीं था...और...फिर मतलब एकदम पता नहीं कैसे...और मैंने कोशिश...बहुत कोशिश...लेकिन मालूम नहीं वो कैसे...कब...किस तरह...से...आपस में असलम...विलास...उसने...उसको... मतलब...उसने...चाहा नहीं था...लेकिन उसका...हाथ... उसमें चाक़ू...विलास...को...विलास...मेरे भाई...जैसा... असलम...तुम्हारा...भाई...मुझे मालूम था...लेकिन मैं...रुक नहीं...मेरा हाथ...उसके...मैंने। सच बोलता हूँ...मैंने चाहा...नहीं था...लेकिन वो...हो गया...मतलब...कैसे...

कब...क्यों...बस हो गया। *(तराना उसे एकटक देख रही है। वो बिलखता है।)* फिर...उसके बाद...मुझे तुम्हारा ख़याल...वो सब बातें यहाँ से...वहाँ तक...इधर से उधर तक...मेरे वायदे...तुम्हारा तसव्वुर...मेरे ख़्वाब...तुम्हारे जज़्बात...हमारे जज़्बात...हमारे सपने...हमारी दुनिया...तुम मेरी...आँखों...के सामने...मैं नाक़ाबिल...मैं बेज़ार...क्योंकि सब कुछ...ख़तम...वो दुनिया...जिसमें आग लग...मैं कुछ...नहीं कर...सिर्फ़ जलन...बस जलन...मैं झुलस गया...मैं बिखर गया। हाँ! लेकिन...अब...अब कुछ परवाह नहीं, मुझे...मैं...मेरे लिए बड़ा मुश्किल...ये सब...एक लम्हा...पहले था...लेकिन...अब तुमसे...बोला...अब...बेफ़िक्र...बेधड़क...मैं...आसान अब...सब कुछ...मेरे...लिए...अब यहाँ से...सीधा...पुलिस...बस *(तराना झटके से उसके मुँह पर हाथ रख देती है।)* नहीं, सच बोलता हूँ...अब कोई परेशानी...नहीं...सिर्फ़ थोड़ी...जलन।

तराना : नहीं...

आभास : हाँ, जलन...बहुत जलन...बहुत जलन...*(बोलते-बोलते फूट पड़ता है।)*

तराना : नहीं...*(झटके से उसका सिर सीने से लिपटा लेती है।)*

आभास : तुमको मालूम...मुझे तकलीफ़...यहाँ...इधर...*(तराना एकदम वहाँ हाथ रखती है)* इधर...*(तराना वहाँ भी हाथ रखती है।)* तकलीफ़...बहुत तकलीफ़...थकन...टूटन...जलन...बहुत जलन...*(तराना फिर उसको भींच लेती है।)*

तराना : *(उसे भींचे-भींचे आँखें मूँदती है जैसे उसकी तकलीफ़ को ख़ुद पी रही हो! फिर सिर हिलाती है।)* वाकई...बहुत तकलीफ़...! हम दोनों को...! बहुत तकलीफ़! हम टूट गए...बिखर गए...जल गए! बहुत जलन...! बहुत थकन! हर तरफ़...आग...! हम चलेंगे...! जहाँ थकन न हो...! जहाँ टूटन न हो! जहाँ जलन न हो! जहाँ ज़हर न हो...! जहाँ क़हर न हो...! *(धीमे से गाना शुरू होता है।)*

दो कबूतरों का गाना

उजला ही उजला शहर होगा
जिसमें हम-तुम बनाएँगे घर
दोनों रहेंगे कबूतर से
जिसमें होगा ना बाज़ों का डर...
मख़मल की नाज़ुक दीवारें भी होंगी
कोनों में बैठी बहारें भी होंगी
खिड़की की चौखट भी रेशम की होगी
चंदन से लिपटी हाँ सेहन भी होगी
संदल की ख़ुशबू भी टपकेगी छत से
फूलों का दरवाज़ा खोलेंगे झट से
डोलेंगे महकी हवा के हाँ झोंके
आँखों को छू लेंगे गर्दन भिगो के
आँगन में बिखरे पड़े होंगे पत्ते
सूखे से नाज़ुक से पीले छिटक के
पाँवों को नंगा जो करके चलेंगे
चर-पर की आवाज़ से वो बजेंगे
कोयल कहेगी कि मैं हूँ सहेली
मैना कहेगी नहीं तू अकेली
बत्तख़ भी चोंचों में हँसती-सी होगी
बगुले कहेंगे सुनो अब उठो भी
हम फिर भी होंगे पड़े आँख मूँदे
कलियों की लड़ियाँ दिलों में हाँ गूँधे
भूलेंगे उस पार के उस जहाँ को
जाती है कोई डगर...जाती है कोई डगर...
चाँदी के तारों से रातें बुनेंगे तो
चमकीली होगी सहर
उजला ही उजला शहर होगा
जिसमें हम-तुम बनाएँगे घर...
आओगे थककर जो हाँ साथी मेरे
काँधे पे लूँगी टिका साथी मेरे

बोलोगे तुम जो भी हाँ साथी मेरे
मोती-सा लूँगी उठा साथी मेरे
पलकों की कोरों पे आए जो आँसू
मैं क्यों डरूँगी बता साथी मेरे
उँगली तुम्हारी तो पहले से होगी
गालों पे मेरे तो हाँ साथी मेरे
तुम हँस पड़ोगे तो मैं हँस पड़ूँगी
तुम रो पड़ोगे तो मैं रो पड़ूँगी
लेकिन मेरी बात इक याद रखना
मुझको हमेशा ही हाँ साथ रखना
जुड़ती जहाँ ये ज़मीं आसमाँ से
हद हाँ हमारी शुरू हो वहाँ से
तारों को छू लें ज़रा-सा सँभल के
उस चाँद पर झट से जाएँ फिसल के
बह जाएँ दोनों हवा से निकल के
सूरज भी देखे हमें और जल के
होगा नहीं हम पे मालूम साथी
तीनों जहाँ का असर...तीनों जहाँ का असर
राहों को राहें भुलाएँगे राही हम
ऐसा हाँ होगा सफ़र
उजला ही उजला शहर होगा
जिसमें हम-तुम बनाएँगे घर...

फेड-आउट

दृश्य 9

फेड-इन

(10 बजे रात। पुलिया का दृश्य! पुलिया के नीचे से एक सीटी की आवाज़ सुनाई देती है। फिर उसके जवाब में एक और सीटी सुनाई देती है। फिर अंटे की शक्ल धीरे-धीरे दिखती है। ये सीटी की आवाज़ें फनियर टोले के सिगनल की आवाज़ें हैं! अंटे के पास ही बबुआ नमूदार होता है। अंटा फिर सीटी बजाता है। बबुआ अँधेरे में सरककर अंटे के पास आता है।)

अंटा : ठीक है तू?
बबुआ : *(काँपता हुआ)* हाँ!
अंटा : डर लग रहा है?
बबुआ : *(काँपता हुआ)* नहीं।
अंटा : तुझे देखा तो नहीं उन्होंने?
बबुआ : नहीं।
अंटा : आभास को देखा?
बबुआ : नहीं। *(ख़ौफ़ से आँखें बंद कर लेता है!)*
अंटा : और बाक़ी सब?
बबुआ : आस-पास ही हैं।
अंटा : घर गया क्या?
बबुआ : नहीं! और तुम?
अंटा : नहीं।
बबुआ : तुमने उन दोनों को देखा?
अंटा : किन्हें?

बबुआ : वो...उनको...विलास और असलम को...वहाँ गोदाम में...

(एक चुप्पी)

बबुआ : देखा क्या?

अंटा : चुप रह।

(चुप्पी)

बबुआ : क्या करें? कहीं भाग चलें?

अंटा : बात क्या है? डर रहा है क्या?

बबुआ : *(एक पल चुप रहकर)*...हाँ।

अंटा : अच्छा अब चुप कर जा। साला ख़ुद तो डर ही रहा है...मुझे भी डरा रहा है।

(ऐंवेई की एंट्री)

ऐंवेई : ओए सुनो। *(वो हाँफ रही है।)*

चींटा : फिर से आ गई बिलौटी।

ऐंवेई : तू भौंकना बंद कर बिलौटे। और मेरी बात सुन...

चींटा : *(उस पर ख़ूँख़्वारी सवार है।)* अब सिर्फ़ मेरी बात सुनो। इन खंजरों को अभी पूरा सबक़ नहीं मिला है।

डीज़ल : बस चींट! बहुत भुगत लिये यार!

ऐंवेई : मेरी तो सुनो...

चींटा : जल्दी बक।

ऐंवेई : मैंने अकील को बाक़ी खंजरों से बात करते हुए सुना। वो कुछ आभास और असलम की बहन के बारे में बात कर रहा था। फिर वो बोला अगर यही करना है, तो मैं उस साले आभास को ज़िंदा नहीं छोड़ूँगा।

चींटा : क्या कहा था मैंने? ये साले खंजर रुकेंगे नहीं।

सूजा : फिर? क्या करें अब?

डीज़ल : अब बहुत हो चुका यार...

चींटा : भूल गए तुम? आभास हमारे लिए आया था। फनियरों के लिए। हमारा फ़र्ज़ नहीं बनता कि हम उसे अकील और उसके बंदों से बचाएँ?

अंटा : ठीक कह रहा है वो।

चींटा : ठीक है तो फिर। सूजे! तू यहीं रहेगा। पुलिया पर...! *(सूजा नीचे उतर जाता है।)* अंटे, तू चचा की दुकान पर जा।

बबुआ : मैं अंटे के साथ जाऊँ?

चींटा : जा। डीज़ल?

डीज़ल : *(एक पल रुककर)* मैं बगीची की तरफ़ देखता हूँ।

चींटा : ये बात हुई न! *(सब निकलते हैं।)*

ऐंवेई : और मैं?

चींटा : तू? *(एक पल ठहरकर)* तू शबदनगर की तरफ़ निकलकर देख कि निशि के यहाँ तो ख़बर नहीं पहुँची। फिर हमको चचा की दुकान पर मिल।

ऐंवेई : ठीक। *(भाग लेती है।)*

चींटा : और सुना *(वो रुक जाती है।)* बढ़िया काम किया है तूने।

ऐंवेई : *(ख़ुशी से पागल होकर चींटे पर आशिक-सी हो जाती है। दोनों बाँहें फैलाए चींटे की तरफ़ झपटती है।)* हाय रे चींट! मैं तो पहले ही कहती थी...

चींटा : *(डपटकर)* बस। *(वो रुक जाती है।)* अब निकल। *(दोनों निकल जाते हैं।)*

फेड-आउट

दृश्य 10

फेड-इन

(10 : 30 रात। तराना के मकान की छत। लाइट पहले तराना और आभास पर आती है। वे दोनों एक-दूसरे से लिपटे हुए बिस्तर पर सोए पड़े हैं। दरवाज़े पर तेज़ खटखटाहट होती है। आभास हिलता है। खटखटाहट बहुत बढ़ जाती है। आभास एकदम उछलकर उठता है। तबस्सुम दरवाज़े को खटखटा रही है। वो उसकी साँकल को बेताबी से बजाती है। दरवाज़ा खोलने की कोशिश करती है।)

तबस्सुम : *(आँसुओं को रोकते हुए)* तराना...तराना...*(आभास एकदम से चौकन्ना होकर यहाँ-वहाँ घूमता है। फिर वो तराना के होंठों पर अपना हाथ रख देता है क्योंकि वो कुछ बोलने को होती है।)* तराना...मैं हूँ तबस्सुम! यह दरवाज़ा अंदर से बंद क्यों कर रखा है?

तराना : *(हड़बड़ाई-सी)* क्या? बंद है क्या? मुझे मालूम नहीं...एक मिनट...

तबस्सुम : दरवाज़ा खोलो। *(उसकी आवाज़ काँप रही है।)* दरवाज़ा खोलो तराना...।

(तराना खोलने के लिए बढ़ती है। आभास उसे रोकता है।)

तराना : *(फुसफुसाकर)* डरो मत। तबस्सुम है। वो सब कुछ जानती है।

तबस्सुम : *(बाहर से)* क्या?

तराना : *(ज़ोर से)* एक मिनट!

आभास : *(फुसफुसाकर)* मैं निकलता हूँ। मैं चचा के पास जाकर उनसे कुछ पैसे लेता हूँ। तुम मुझे उनकी दुकान पर मिलो।

(उस तरफ़ तबस्सुम आवाज़ें सुन रही है लेकिन ये नहीं समझ पा रही है कि क्या बोला जा रहा है।)

तराना : चचा की दुकान पर? ठीक है। *(ज़ोर से)* आ रही हूँ तबस्सुम...*(आभास उसके माथे का चुंबन लेता है और बालकनी से कूद जाता है। दरवाज़े पर तबस्सुम ने खटखटाना बंद कर दिया है। वो अब ख़ामोश खड़ी है। तराना जल्दी से जाकर दरवाज़ा खोलती है।)*

तराना : *(दरवाज़ा खोलते हुए)* तुमने अकील को देखा तबस्सुम? वो यहाँ आया था अभी थोड़ी देर पहले। फिर वो इतना ग़ुस्से में यहाँ से गया कि मुझे लगा वो...*(इस बीच में तबस्सुम उसको धकेलते हुए अंदर आती है। फिर वो बिस्तर को देखती है। फिर एकदम बालकनी के पास जाती है! फिर मुड़कर आग बरसाती निगाहों से तराना को देखती है। तराना उसे देखती है। फिर निगाहें झुका लेती है।)*

(तबस्सुम उसे सुर्ख़ तरबतर आँखों से देखती है!)

तबस्सुम का गाना

...कह रहे वो...वो मरा है आज हाँ तराना
क्या बताऊँ...कैसे उनको राज़ हाँ तराना
जानते नहीं कि साथ उसके मैं भी हूँ मरी तराना...!
ज़िंदगी था...बंदगी था वो मेरी तराना
साँस था वो...हर ख़ुशी था वो मेरी तराना
मेरी आँख में उसी की ख़ून की सुर्ख़ी भरी तराना...
मेरा था वो, जैसा भी था या मेरा तराना
था मुझी में, वो तो था ख़ुदा मेरा तराना

मेरे उस ख़ुदा के साथ ये किसी ने क्यों करी तराना
जानती है...तू उसे ओ बावरी तराना...
आसरा तू...दे रही उसे अरी तराना...
जान ले तबस्सुम मगर है आग में भरी तराना...

(एक खामोशी छाती है! तराना का चेहरा आँसुओं में तरबतर है! वो चेहरा उठाती है!)

तराना का गाना

ओ तबस्सुम...पूछती है तुमसे ये तराना
ये हुआ जो...ये किसी ने क्या कभी था जाना
वो तुम्हारा...था वो जैसा भी था मैंने माना
हाँ तुम्हारा...ख़ुदा था जानती मैं ये फ़साना
मेरा भी ख़ुदा है एक हाथ जोड़ती उसे बचाना...
एक दुनिया...तो उजड़ गई है मैंने माना
जल गया है...एक का तो पूरा आशियाना
फिर भी मुझको...क्या हुआ ना जानती तराना...
भूल जाऊँ...उसको ढूँढ़ पाती ना बहाना...
तुमने भी किया है इश्क़ तुमको अब बचा है क्या बताना...
दे दो उसकी भीख तुमसे भीख माँगती है ये तराना...

(गाना ख़त्म होता है। तबस्सुम आँसुओं को पोंछती है। तराना को देखती है।)

तबस्सुम : अकील के पास पिस्तौल है...और वो अपने बंदों को भेज चुका है...आभास के लिए।

तराना : *(एकदम बिफरकर झपटती है।)* अगर उसने आभास को हाथ भी लगाया...अगर उसने आभास को खरोंच भी पहुँचाई...तो...मैं उसका...

तबस्सुम : *(गीली आवाज़ में)* क्या करोगी? वही जो आभास ने असलम के साथ किया?

तराना : मैं आभास से मुहब्बत करती हूँ।

तबस्सुम : जानती हूँ। मैं भी असलम से मुहब्बत करती थी। *(एक पल की चुप्पी। फिर त्यागी की आवाज़ आती है दरवाज़े के बाहर से)*

त्यागी : कोई है घर में? *(दरवाज़ा खोलता है। त्यागी अंदर आता है।)* तकलीफ़ के लिए मुआफ़ी चाहता हूँ।

तबस्सुम : आपको दिख नहीं रहा कि घर में कोई नहीं है? आप ऊपर कैसे चले आए?

त्यागी : इसीलिए कि घर में कोई नहीं है। ढूँढ़ता हुआ चला आया! ज़रूरी था।

तराना : *(अपने कपड़े सँभालती हुई)* मैं चलती हूँ तबस्सुम। मुआफ़ी चाहती हूँ। मुझे अपने भाई के पास जाना पड़ेगा।

त्यागी : मेरे पास कुछ सवाल हैं पूछने को...

तराना : मुआफ़ कीजिएगा। बाद में...।

त्यागी : सिर्फ़ एक मिनट लगेगा।

तबस्सुम : आप थोड़ी देर इंतज़ार नहीं कर सकते?

त्यागी : *(तेज़ी से)* नहीं। *(फिर मुस्कराता है।)* नहीं! आप पिछली रात को साँवली के अहाते में थीं? मेले में?

तराना : जी हाँ।

त्यागी : आपके भाई की वहाँ एक बंदे से ख़ासी कहा-सुनी हुई क्योंकि आपने उसके साथ बात की थी?

तराना : हाँ। *(तबस्सुम को देखती है।)*

त्यागी : मेरी तरफ़ देखिए। वो बंदा कौन था?

तराना : मुआफ़ कीजिएगा। तबस्सुम! मेरा सर दर्द से फटा जा रहा है। तुम नीचे किसी से जाकर बोल सकती हो कि मुझे *(गहरी निगाहों से देखती है।)*...कुछ चाहिए...?

त्यागी : सरदर्द की कुछेक गोलियाँ तो मेरे पास भी हैं। नोश फ़रमाइएगा?

तराना : जी नहीं। मेरी कुछ ख़ास गोलियाँ हैं। तुम चली जाओगी तबस्सुम! मेरे लिए? *(तबस्सुम थोड़ा झिझकती है।)*

त्यागी : बेफ़िक्र रहिए। मैं महकमे का आदमी हूँ। यह महफ़ूज़ रहेंगी मेरे पास।

तबस्सुम : मैं जा करके बोल आती हूँ कि तुम ख़ुद लेने आ जाओगी थोड़ी देर में। मैं वहाँ से घर चली जाऊँगी।

तराना : *(त्यागी से)* मुझे कितनी देर लगेगी यहाँ?

त्यागी : जितनी देर मेरे पास सवाल रहेंगे।

तराना : *(तबस्सुम से)* ठीक है। वहाँ बोल देना, मैं ख़ुद ही उठा लूँगी। *(तबस्सुम जाती है।)* देर के लिए मुआफ़ी चाहती हूँ। क्या पूछा था आपने? *(लाइट धीमे-धीमे कम हो रही है।)*

त्यागी : मैंने पूछा नहीं, बताया था। एक बंदे से आपके भाई की कहा-सुनी हुई थी। वो बंदा कौन था?

तराना : हमारे ही मुहल्ले का बंदा था! *(लाइट धीमे-धीमे कम हो रही है।)*

त्यागी : उसका नाम?

तराना : रियाजुद्दीन...हैदर...अहसास।

फेड-आउट

दृश्य 11

फेड-इन

(11 : 40 रात का वक़्त। चचा की दुकान। अंटा और एक-दो फनियर वहाँ मौजूद हैं। तभी ऐंवेई, चींटा और बाक़ी फनियर अंदर घुसते हैं तेज़ी से।)

चींटा : कुछ पता चला?

अंटा : हाँ, वो ठीक है।

चींटा : कहाँ है?

अंटा : अंदर है। चचा के पास।

डीज़ल : उसको अकील के बारे में बतला दिया?

अंटा : चचा को बोल दिया है। वो बतला देंगे।

बबुआ : लेकिन वो तो शेर है! अंदर क्यों घुसा है?

सूजा : क्योंकि वो पिटने के डर से तुझसे तेज़ नहीं भाग सकता, इसलिए!

चींटा : बकवास बंद करो बे!

ऐंवेई : और क्या! वरना क्या पता पुलिस को ही उसकी ख़बर मिल जाए। अकील और खंजर तो बाद की बात है।

चींटा : सूजे! इन कुर्सियों को सीधा कर दे। कुछेक अख़बार यहाँ इकट्ठा कर ले। अंदर से सरिया और सींखचे लाकर नीचे डाल दे। अंटे जाकर चाय बना ला! चचा को परेशान मत करना। दो-तीन बंदे बाहर जाकर पहरा दो। अगर अकील या उसके बंदे दिखें तो सीधे अंदर ख़बर...*(दरवाज़ा खुलता है और तबस्सुम अंदर घुसती है। एक सन्नाटा फैल जाता है उसे देखकर। वो सबको*

देखती है। फिर धीरे-धीरे चलकर अंदर आती है। सब उसे घूर रहे हैं। एक लंबी चुप्पी।)

तबस्सुम : *(ख़ामोशी से)* मुझे चचा से मिलना है!

चींटा : वो यहाँ नहीं हैं।

तबस्सुम : कहाँ गए हैं?

अंटा : चाय की पत्ती ख़रीदने गए हैं। सुबह दुकान खोलनी है न!

तबस्सुम : इस वक़्त पत्ती कहीं नहीं मिलती! कहाँ गए हैं वो?

अंटा : आप चचा की सनक जानती नहीं हैं! वो चाय की पत्तियाँ लाने रोज़ आसाम जाते हैं! सुबह आ जाते हैं!

ऐंवेई : और कभी-कभी गाड़ी लेट हो जाए तो...

चींटा : सुबह तक नहीं आते। कहने का मतलब कब आएँगे मालूम नहीं। खोलकर समझाऊँ? *(धीमे-धीमे हँसते हैं। तबस्सुम अंदर जाने वाले दरवाज़े की तरफ़ बढ़ना शुरू करती है!)*

डीज़ल : कहाँ जा रही हो?

तबस्सुम : अंदर! चचा के पास!

चींटा : सुनती कम हो क्या? सुना नहीं वो नहीं हैं?

तबस्सुम : मैं ख़ुद देखना चाहती हूँ।

चींटा : *(मज़े लेता हुआ)* नहीं-नहीं, ऐसा मत करना। क़हर टूट पड़ेगा।

तबस्सुम : *(ख़ून का घूँट पीती हुई)* मुझे जाने दो। गुज़ारिश करती हूँ...

चींटा : हाय रे तेरी गुज़ारिश...!

तबस्सुम : सामने से हटोगे?

सूजा : इसके बीच में से हो के चली जाओ न।

तबस्सुम : तहज़ीब से बात करो।

चींटा : हाय रे तेरी तहज़ीब।

सूजा : तेरी नज़ाकत!

डीज़ल : तेरी रुआब!

अंटा : तेरा ग़रूर।

बबुआ : तेरा ग़ुस्सा।

ऐंवेई : तेरी ठसक!

तबस्सुम : सुनो! तुम...*(फिर अपने-आप पर क़ाबू पाती है!)*

चींटा : हम सुन रहे हैं।

तबस्सुम : मुझे तुम्हारे दोस्त को एक पैग़ाम देना है। मुझे आभास को बोलना है कि...

डीज़ल : वो यहाँ नहीं है।

तबस्सुम : मैं जानती हूँ वो है!

चींटा : तुम्हें कैसे मालूम?

अंटा : ख़बर किसकी तरफ़ से है? पैग़ाम किसका है?

तबस्सुम : उससे तुम्हें कोई मतलब नहीं।

चींटा : अकील का तो नहीं है कहीं..?

तबस्सुम : मैं अकील को रोकना चाहती हूँ। मैं मदद करना चाहती हूँ।

ऐंवेई : असलम की माशूक़ मदद करना चाहती है!

चींटा : लकड़ी के ठट्ठों में कब से जान पड़ने लगी!

ऐंवेई : ये मदद करना चाहती है, आभास को हासिल करने में!

तबस्सुम : नहीं!

चींटा : अब बस...असलम की रखैल!

सूजा : असलम की पत्नी!

चींटा : बिलबिलाती आँत!

तबस्सुम : बंद करो ये सब!

बबुआ : गंदी बदज़ात!

डीज़ल : फनकटी नागिन!

अंटा : पूँछ कटी छिपकली!

चींटा : खाज भरी कुतिया!

(ये सारे कमेंट्स धीरे-धीरे ज़हरीला रूप ले लेते हैं! सब तबस्सुम के चारों तरफ़ घेरा बनाकर नाच शुरू कर देते हैं! ठहाके लग रहे हैं, कमेंट्स हो रहे हैं! वो बीच में है! ऐंवेई अब सबको रोकने की कोशिश कर रही है! नाच के अंत में उसको एक कोने में धकेल दिया जाता है फिर उसके ऊपर बबुआ बब्बल को उठाकर पटक दिया जाता है। फिर चींटा बढ़ता है। उसका कंधा पकड़ता है! तभी चचा दरवाज़ा खोलकर बाहर आते हैं!)

चचा : *(गरजते हैं!)* बंद करो ये सब! *(सब चुप हो जाते हैं)* क्या कर रहे हो स्सालो! होश में तो हो? *(सन्नाटा।)*

(तबस्सुम उठती है। कपड़े सँभालती है। सबको देखती है! शर्म और ग़ुस्से से काँपते हुए)

तबस्सुम : *(रोना रोकने की कोशिश करती हुई)* असलम सच कहता था...! असलम सच कहता था...! अगर तुममें से कोई मुझे कभी किसी नाली में मुँह से ख़ून उगलता हुआ भी मिला, तो मैं उसके चेहरे पर थूककर आगे बढ़ जाऊँगी।

(वो झटके से अपना चेहरा ढककर बाहर की ओर बढ़ती है।)

चींटा : इसको जाने मत देना।

डीज़ल : ये अकील को बतला देगी कि आभास...*(सूजा उसे पकड़ता है। वो झटके से अपने आपको छुड़ाती है।)*

तबस्सुम : छोड़ो मुझे! *(उन सबको मुड़कर देखती है।)* मैं देती हूँ पैग़ाम तुम्हारे उस अज़ीज़ दोस्त के लिए। बोलना उसे कि तराना अब उससे कभी नहीं मिलेगी।...बोल देना उससे कि अकील को सब कुछ मालूम पड़ गया...और बोल देना उससे...*(देखती है)* कि अकील ने तराना को जान से ख़त्म कर डाला। *(मुड़ती है और भड़ाक से दरवाज़ा बंद करती हुई बाहर निकल जाती है। सन्नाटा छाया है!)*

चचा : शर्म नहीं आ रही है स्सालो तुम्हें? कब ख़त्म करोगे ये सब? कब? इस दुनिया को नरक बना दिया है तुमने!

चींटा : *(गीली आँखों के साथ)* हमें ये दुनिया मिली ही ऐसी थी चचा!

फेड-आउट

दृश्य 12

फेड-इन

(11 : 50 रात का वक़्त! चचा की दुकान के अंदर का हिस्सा। आभास बैठा हुआ है। चचा अंदर आते हैं। उनके हाथ में कुछ रुपए हैं।)

आभास : *(उठते हुए)* अरे वाह। क्या किसी से लेकर आए हो?

चचा : मेरे पास थे। *(उनका चेहरा सपाट है।)*

आभास : *(चचा के हाथ से रुपया लेता हुआ।)* बहुत-बहुत शुक्रिया! चचा, मैं तुम्हें जल्दी से जल्दी वापस कर दूँगा।

चचा : *(उसे देखते हुए)* भूल जाओ।

आभास : नहीं भूल सकता चचा। हरगिज़ नहीं भूल सकता। हम आज रात को ही यह शहर छोड़ रहे हैं चचा, मैं और तराना। जाएँगे कहाँ...अभी मालूम नहीं। लेकिन जहाँ भी जाएँगे, पहुँचते ही सबसे पहले तुम्हें ख़बर करेंगे। और मालूम चचा? हम दोनों की ही ख़्वाहिश है कि हम ढेर सारे बच्चे पैदा करें। हम उन सबके नाम तुम्हारे नाम पर रखेंगे! लड़कियों के भी *(हँसता है।)* आभास-तराना का बेटा...'चचा', आभास-तराना की बेटी... 'चचा', *(फिर हँसता है)*...और फिर जब तुम हमसे मिलने आओगे...

चचा : *(एकदम उसके चेहरे पर थप्पड़ मारते हैं)* होश में आओ। *(उनका ग़ुस्सा बढ़ता है।)* क्या तुम लोगों से बात करने का एक ही तरीक़ा रह गया है? क्या तुम लोगों ने दूसरों

के पास कोई चारा नहीं छोड़ा? वही किया जाए जो तुम करते हो? वही बका जाए जो तुम बकते हो?

आभास : चचा! क्या बात है चचा...

चचा : *(गुस्सा बढ़ता जा रहा है)* क्यों लड़ते हो इतना जैसे कोई जंग लड़ी जा रही हो? क्यों मारते हो तुम लोग?

आभास : मैं तुमको बता चुका हूँ चचा कि वो सब कैसे हुआ। तराना भी इस बात को समझती है। तुम क्यों नहीं समझ पा रहे?

चचा : क्योंकि मुझे आज तक कोई तराना नहीं मिली।

आभास : मुझे तो मिली है चचा। और मैं तुमको एक बात बतलाऊँ चचा? कि अगर किसी को सिर्फ़ चौबीस घंटे के लिए भी तराना मिल जाए तो किसी और चीज़ की ख़्वाहिश करने की ज़रूरत नहीं रहती!

चचा : सही कह रहे हो। तुम्हें अब वाकई किसी और चीज़ की ख़्वाहिश नहीं रहेगी।

आभास : क्या...।

चचा : अभी-अभी जो आई थी...वो तबस्सुम थी। *(एक पल बाद)* तराना मर चुकी है। अकील को तुम दोनों के बारे में मालूम पड़ गया...और उसने उसको...मार डाला। *(एक पल की चुप्पी। आभास चचा को एकटक देखता रहता है पागलों समान...भौचक्का। चचा उसकी तरफ़ बढ़कर उसकी तरफ़ अपना हाथ बढ़ाते हैं, लेकिन आभास पीछे हट जाता है। फिर वो एक झटके से मुड़ता है और बाहर निकल जाता है। उसके जाते ही अँधेरा छा जाता है और अँधेरे में आभास की चीख़ सुनाई देती है।)*

आभास : अकील! मैं भी आ रहा हूँ। मुझे भी मार देना अकील।

(और अचानक रात में डूबा हुआ शहर रोशन होता है। आभास शहर की सड़कों पर गिरता-पड़ता भाग रहा है...! चिल्ला रहा है! धड़ाक से कोरस शुरू होता है!)

काली रात का गाना

ओ रात के मुसाफ़िर
तू भागना सँभल के
पोटली में तेरी हो
आग ना सँभल के...
चल तो तू पड़ा है...फासला बड़ा है
जान ले अँधेरे के सर पे ख़ूँ चढ़ा है
मुकाम खोज ले तू...मकान खोज ले तू
इंसान के शहर में इंसान खोज ले तू
देख तेरी ठोकर से राह का वो पत्थर
माथे पे तेरे कस के लग जाए ना उछल के...
ओ रात के मुसाफ़िर...
माना कि जो हुआ है, वो तूने भी किया है
इन्होंने भी किया है, उन्होंने भी किया है
माना कि तूने हाँ हाँ, चाहा नहीं था लेकिन
तू जानता नहीं कि ये कैसे हो गया है
लेकिन तू फिर भी सुन ले नहीं सुनेगा कोई
तुझे ये सारी दुनिया खा जाएगी निगल के...
ओ रात के मुसाफ़िर...

(...और आभास चीख़ रहा है...चिल्ला रहा है! अँधेरे में डूबी हुई शहर की गलियाँ, लैंपपोस्ट, इमारतें, सड़कें दिख रहे हैं! और अचानक रफ़ीक़ नमूदार होता है और उसे देखता है और एकदम मुड़कर अँधेरे में गुम होता है!)

आभास : अकील...। अकील...! मैं यहाँ हूँ अकील। मुझे भी उड़ा दे अकील...*(ऐंवेई की चीख़ एकदम...अँधेरे से)*

ऐंवेई : आभास...

आभास : *(ख़ूँख़्वारी से घूमता है)* कौन है?

ऐंवेई : रफ़ीक़ ने तुमको देख लिया है आभास...

आभास : *(उसकी तरफ़ बढ़ता है)* दफ़ा हो जा यहाँ से...

ऐंवेई : आभास...

आभास : *(चिल्लाकर)* दफ़ा हो जा यहाँ से...

(वो डरकर भागती है।)

आभास : अकील, तू सुन रहा है अकील? मैं यहाँ हूँ...चौड़े में... मुझको भी गिरा दे हरामज़ादे...

(ऐंवेई की घबराई आवाज़ पीछे से आती है।)

ऐंवेई : वो अकेला है चींटे...रफ़ीक़ ने उसको देख लिया है...

चींटा : *(दूर से)* आभास...

बबुआ : *(दूर से)* आभास भाई...

अंटा : *(दूर से)* आभास...

आभास : मैं यहाँ हूँ अकील...! ओं मर्द के बच्चे...। मुझको भी उड़ा दे अकील...अब कोई पंगा नहीं है अकील...! अब सब कुछ साफ़ है अकील! मेरी गुज़ारिश सुन ले हरामज़ादे! मैं पागल हो जाऊँगा अकील! मैं और देर इंतज़ार नहीं कर सकता अकील! जल्दी कर अकील! आकर मुझे...*(और अकस्मात् उसके सामने अँधेरे में से एक छाया निकलती है। उस पर धीरे-धीरे लाइट आती है। आभास विस्फारित नेत्रों से उसकी तरफ़ देखता रह जाता है! वो तराना है!)* तराना...*(वो बोल नहीं पा रहा)* तराना...

तराना : आभास...! *(वो अपनी बाँहें फैलाती है! उसकी तरफ़ बढ़ती है!)*

(आभास अपनी बाँहें फैलाता है! उसकी तरफ़ बढ़ता है! और अचानक अँधेरे में से अकील निकलता है! 'धाँय' की आवाज़ के साथ ही उसकी पिस्तौल से निकली गोली आभास के सीने में घुस जाती है! वो लड़खड़ाता है! तराना चीख़ती है! उसे झपटकर बाँहों में सँभालती है! वो उसकी बाँहों में लिपटा हुआ नीचे गिरता है!)

(एक क़दम से चारों तरफ़ से दौड़ते हुए खंजर और फनियर घुसते हैं। चचा और मदमस्त घुसते हैं

और सब वहीं के वहीं खड़े रह जाते हैं! अकील आँखें फाड़े बुत बना खड़ा है! उसके हाथ में पिस्तौल झूल रहा है!)

आभास : *(तकलीफ़ से)* मुझे मालूम था...कुछ है...

तराना : *(रोते हुए)* वो कुछ...ये नहीं था...

आभास : *(तकलीफ़ के साथ)* होना नहीं चाहिए था...हो गया...

तराना : *(रोते हुए)* कुछ नहीं हुआ...! हम चलेंगे...! हम अब भी चलेंगे...कहीं और...

आभास : *(तकलीफ़ से)* चलना ही पड़ेगा...हम चल सकते हैं...अब भी...*(वो उसको हिलाकर जगाए रखने की कोशिश करती है। वो धीरे-धीरे ठंडा पड़ता जा रहा है!)* अब भी...हम दोनों...कहीं और...कहीं और...*(और उसकी आँखें पथरा जाती हैं? गर्दन लटक जाती है! तराना उसको अपनी बाँहों में भींचती है! फिर उसका सर धीमे से नीचे रख देती है! फिर अपनी उँगलियाँ उसके बालों में फेरती है। आँखों पर फेरती है! चींटा सर उठाकर अकील की ओर देखता है! रफ़ीक़ अंटे की तरफ़! और एकदम दोनों टोले एक-दूसरे की तरफ़ बढ़ते हैं!)*

तराना : *(झटके से सर उठाती है!)* पीछे हटो! *(सारे एकदम रुकते हैं! पीछे हटते हैं! वो उठती है! हाथ बढ़ाती है! अकील से पिस्तौल लेती है! और बोलती है)*...कैसे निकलती है इसमें से गोली अकील...? इस खटके को थोड़ा दबाना पड़ता है ना? *(अकील सर झुकाए खड़ा है! वो एकदम उसे अकील की तरफ़ तानती है! वो पीछे हटता है! अब सारे उसके सामने खड़े हैं। वो पिस्तौल को सबकी तरफ़ तानती है!)* कितनी गोलियाँ बची हैं इसमें अकील? तुम्हारे लिए काफ़ी होंगी? *(दूसरे की तरफ़ तानती है)* और तुम्हारे लिए? *(तीसरे की तरफ़ तानती है)* और तुम सबके लिए...? *(सारे सर झुका के खड़े हैं...! ख़ामोश!)* हम सबने मिलकर इसे मार डाला...और मेरे भाई को भी...और विलास को भी...!

और अब मैं भी मार सकती हूँ! क्योंकि मैं नफ़रत करना सीख गई हूँ! *(फिर सीधे चींटे की तरफ़ पिस्तौल तानती है! वो पीछे हटता है!)* मैं कितने मार सकती हूँ इससे अकील? जिससे एक गोली मेरे लिए भी बच जाए?

(और एकदम फूट पड़ती है पिस्तौल एक तरफ़ फेंकते हुए और नीचे ढह जाती है!)

(एक लम्बा सन्नाटा! दोनों टोलों के हाथों के हथियार आवाज़ करते हुए नीचे गिर रहे हैं! एक-एक करके! सबके सर झुके हुए हैं!)

(त्यागी की एंट्री! वो रुकता है! सब तरफ़ देखता है! फिर आभास के मुर्दा जिस्म की तरफ़ बढ़ता है।)

तराना : उसे छूना मत...! *(वो रुकता है! एक पल उसे देखता है! फिर आगे बढ़ता है! और एकदम दोनों टोले आपस में मिलते हैं! और उसका रास्ता रोक लेते हैं!)*

तराना : *(नफ़रत से)* तुम! तुम्हारा महकमा...! तुम्हारी सरकार... तुम्हारा क़ानून...! और हमारा था ये...! हमारे थे...वो...जो चले गए...! ख़ूनी...! थू...! *(त्यागी कुछ नहीं बोल पाता! एक पल उसको देखता है! फिर मुड़ता है और चला जाता है! साउंड ट्रैक शुरू होता है। पंडित नेहरू की स्पीच आती है। "...लांग ईयर्स एगो...वी मेड ए ट्रिस्ट विद द डेस्टिनी! एंड नाऊ द टाइम कम्स व्हेन वी शैल रिडीम अवर प्लैन! नॉट होलली ऑर इन फुल मेजर बट वेरी सब्सटेंशियली! एट द स्ट्रोक ऑफ़ द मिडनाइट अवर...व्हैन द होल वर्ल्ड स्लीप्स, इंडिया विल अवेक टू लाइट एंड फ्रीडम...!" स्पीच ख़त्म होती है! चुप्पी)*

(तराना एक हाथ अकील की तरफ़ बढ़ाती है! दूसरा चींटे की तरफ़! डीज़ल रफ़ीक़ की तरफ़ बढ़ता है! अख़्तर अंटे की तरफ़! सब मिलकर आभास को उठाते हैं! तराना उसके माथे पर कोमलता से होंठ छुआती है!)

तराना : अलविदा...मेरे अहसास...!

(सारे उसे उठा के चलते हैं! तराना आँख बंद करके नीचे दुआ-सी पढ़ रही है! बबुआ आ के उसके दुपट्टे को ठीक करता है! आभास को ले जाया जा चुका है। एक-एक करके सभी लोग जा रहे हैं। तराना वहीं बैठी है! अकेली! दूर अँधेरे में डूबे शहर में निशि और तबस्सुम के गुम चेहरे अपने-अपने घर की छत पे चमकते हैं!)

(कोरस की आवाज़ आती है।)

कोरस : *सिलसिले पक चले हैं*
क़ाफ़िले थक चले हैं
दूर जाती इबारत को
हाशिए तक चले हैं
वो पूछे हैं हैराँ होकर
ऐसा सब कुछ होता है कब
तो बतलाओ तो उनको ऐसा तब तब तब तब
होता है...
जब शहर हमारा सोता है...
जब शहर हमारा सोता है...
जब शहर हमारा सोता है...

(पर्दा गिरता है।)

बाबरी मस्जिद टूटने के बाद के मंचन में ''जो हो आँखों में ताब...'' के बदले यह गाना जोड़ा गया था–

यारा ओ मौला

हाँ-हाँ यादों में है अब भी...क्या सुरीला...वो जहाँ था
हमारे हाथों में रंगीन गुब्बारे थे और दिल में महकता समाँ था
यारा...ओ मौला...
वो किताबों की थी दुनिया...वो तो ख़्वाबों की थी दुनिया
साँस में थे मचलते हुए ज़लज़ले, आँख में वो सुहाना नशा था

यारा...ओ मौला
वो ज़मीं थी, आसमाँ था, हमको लेकिन क्या पता था
हम खड़े थे जहाँ पर उसी के किनारे पे गहरा-सा अंधा कुआँ था
यारा...ओ मौला
फिर वो आए भीड़ बनकर
हाथ में थे उनके खंजर
बोले फेंकों ये किताबें
और सँभालो ये सलाखें
ये जो गहरा-सा कुआँ है
हाँ-हाँ अंधा तो नहीं है
उस कुएँ में है ख़ज़ाना
कल की दुनिया तो यहीं है
कूद जाओ ले के खंजर
काट डालो जो हो अंदर
तुम ही कल के हो शिवाजी
तुम ही कल के हो सिकंदर...
हमने वो ही किया जो उन्होंने कहा क्योंकि उनकी तो ख़्वाहिश यही थी
हम नहीं जानते ये भी क्यों ये किया क्योंकि उनकी फ़रमाइश यही थी
अब हमारे लगा ज़ायका ख़ून का अब बताओ करें तो करें क्या,
नहीं है कोई जो हमें कुछ बताए, बताओ करें तो करें क्या...

□□□